汉语实词虚化
现象研究

赵彧　著

学林出版社

序　一

　　汉语有着悠久的发展历史,伴随着汉语的发展,产生了数量众多、表义丰富、功能多样的汉语词汇。汉语的词从语法功能上看,可分为实词和虚词两大类,而一般认为虚词是由实词虚化而来的。实词虚化的历程、方式、动因、机制历来是汉语研究的重要课题。自 20 世纪 70 年代以来,认知语言学成为语言学的重要领域,而作为认知语言学的一个重要分支——基于认知的语言演化——语法化和词汇化研究也迅速成为语言研究的热点领域。跟语法化相关的实词虚化一直为汉语语法研究所重视,但直到 20 世纪 90 年代"语法化"理论引入后,语法化研究才成为汉语语法研究的热点。换句话说,"语法化"理论和方法的引入,使得传统上所谓实词虚化的研究受到更多的关注。基于认知的语言演化的另一个领域是词汇化,虽然汉语词汇学一直重视构词法和造词法,汉语词汇史研究者也十分重视汉语词汇演变及词汇双音化问题,但直到 20 世纪 90 年代后"词汇化"伴随语法化研究的深入才成为汉语词汇和语法研究的重要课题,21 世纪后,"词汇化"同样是汉语词汇语法研究的热点。语法化和词汇化被认为是语言演变的两个重要方面,并且密切相关。汉语实词虚化,即虚词的产生,尤其是双音节或多音节虚词的产生,在语法化的同时往往伴随着词汇化进程,双音节或者多音节虚词多是固化成词之后进一步语法化为虚词的;另一方面,词汇化过程中同样伴随着某些语素的虚化。

　　20 世纪 90 年代之后,汉语语法化和词汇化的研究都取得了突出成就,但面对丰富多样的汉语事实,依然有许多相关语言现象和语言事实、语言问题值得进一步探索。赵彧博士的新著《汉语实词虚化现象研究》即是近年来汉语语法化及词汇化相关问题研究的一部力作。

　　《汉语实词虚化现象研究》一书,按照研究专题分为上下两编。上编是"降格否定与语法化研究",以"鲜有、遑论、岂敢、讵料"等虚词为例,讨论降格否定与语法化问题,涉及这些虚词的形成、演变及句法、语义、语用和语篇功能。降格否定为句法上黏着、语义上不全、语用上委婉的否定。下编是"主观性与语法化研究",主要讨论"看样子、看情况"与"看起来、看上去"两种句法结构的虚化过程。认为这两种句法结构的虚化大致经历了行域到言域、句法主语到言者主语、命题成分到情态成分、自主度低到自主度高四个阶段。从叙实程度与传信功能来看,其主要表达感知功能、推估功能和总结功能等肯定性功能,在转折语义及预期偏离、回溯推理、隐含义规约化等语用动因的作用下,它们还发展出隐性否定的语用趋势,是语用化的过程,对语境的依赖较强,是语用义,而非语用语法化以后的语法义。"看样子、看情况"与"看起来、看上去"的情态化历程经历了主语提升、代词脱落和以命题为操作域三个过程。

　　总的来看,《汉语实词虚化现象研究》一书有如下值得肯定之处:

　　一是注重把汉语语法事实与相关理论探讨结合起来。书中对每类语法现象,都能从大量的共时或历时语言材料中归纳出特有的句法、语义、语用以及表达功能,同时注重理论思考,从而提升对降格否定与主观性的理性认识。如书中认为"鲜有"作为降格否定,其在句法、语义、功能等具有一系列特点:后接成分为无界名词与名化动词,"鲜有＋NP"可以参与构成多种句法成分,其主语也多为无生主语;语义上,"鲜有"具有量的否定或部分否定的性质,语义含义是"少于"。由于兼语脱落形成句法空位,"鲜有"受紧邻语境和语义重心后移影响逐渐副词化,其功能表达体现为:遵守礼貌、维护面子、体现主观性、表达交互主观性。再如关于"看样子"的虚化,作者认为"看样子"的虚化经历了主语提升、语义虚化和"样子"泛化,其所在语篇的语义背景为 p 与 q 要满足推理关系,似然推理与回溯推理形成两种不同的语篇模式及其变体。一价摹状名词构成的"看 N"结构内部虚化程度不一,层级的形成除了与动词"看"的语义虚化相关,摹状名词的语义泛化也对层级的形成产生影响。书中还对降格否定与主观性给予了理论探讨。

　　其次,重视从多个角度全面探讨汉语相关问题。书中针对有关语法现象,以语法化(虚化)为主线,探讨其语法化(包括词汇化)的历程、动因和机制,但又不限于语法化问题,往往把历时与共时结合起来,全面考察有关语法现象。如作者认为"岂敢"就其演化过程来看,其经历了由状中短语到副词化、主观化和标记化三个过程,"讵料"其演化模式经历三个阶段:词汇化、连词化和关联化,"有待"的词化过程经历了从跨层短语到词汇词的过程,主要机制是紧邻语境使得组块形成、语义偏移以及临界语境的高频使用。但同时作者还全面考察了"岂敢""讵料""有待"在现代汉语里的种种特点和功能,如认为"岂敢"是现代汉语中经由反问发展而来表达否定功能的语气副词,"岂敢"对人称的选择以第一人称为主,少数是第二、第三人称;时态选择方面多以将来时态为主;其否定性质体现为语用的否定、强化的否定和主观的否定,语用上具有表达酬应功能的作用。作者认为"讵料"在篇章中可以连接分句、句子和语段分别构成复句、句群和段落,可以和各种表达意外功能的成分配合使用、协同出现,以语篇功能为主,较少作句子成分。语义及表达上,"讵料"主要有表达意外语义、显豁焦点信息、流露元语功能以及体现意外性特征。认为"有待"在现代汉语里仍为形式动词,还未经历副词化过程,后接抽象名词和指称性谓词。VP的准入条件为[＋心理态度]、[＋增强义]、[＋减弱义]、[＋过程义]。语义上表预设否定义的,即"原本应该达到VP,目前却没有/缺少VP";情态上为表达的委婉功效、不如意性的评价特征、未然性的时体特征。

再如作者认为,"样子"是表示主观推测的句末助词,发生了去范畴化现象,经"具体的样子→抽象的样子→基于样子的推测"发展而来的,这是隐喻与转喻共同作用的结果,语用推理在"样子"的虚化过程也发挥作用。"样子"句法位置黏着,可以附在事件小句和数量结构之后。"样子"附于事件小句后表示对事件进程的推测,附于数量结构后表示估量,表示的是以数量结构为中心上下浮动的主观游移量。说话人对事件小句或量的必然或实然无法做出准确的认识,是确定性较低的或然判断,语篇模式是"S_1推测依据,S_2推测结论"。可见,书中能把历时与共时、描写与解释、结构与功能、句法语义与语用语篇等较好地结合起来,给读者提供对有关语言现象的全面认识。

最后,书中重视相关语法现象的比较,体现出该书的应用价值,如认为"鲜有"与"没有"的对比性差异表现在四个方面:语义辖域不同、否定纠葛产生、预设存在差异、语体篇章表现分化。"遑论"与"不论"的差异也主要体现在句法分布相异、否定方式不同、情态传达分化、关联功能有别四个方面。"岂敢"与"不敢"既存某些共性,但个性差别较大,主要表现在四个方面:否定性质相异、否定强度不同、主观情态差异、语体分布分化。"讵料"与"不料"的对比差异主要体现在否定层面、范畴层次以及语体分布。

　　总之,《汉语实词虚化现象研究》一书,在涉及汉语实词虚化或者说语法化和词汇化等丰富复杂的语言现象和语言问题中,选择了跟降格否定和主观性相关联的若干专题进行了全面深入的探讨,为汉语实词虚化研究提供了若干研究样本,其以小见大的研究取向值得肯定。

　　赵彧博士的硕士和博士都毕业于上海师范大学,受到良好的学术熏陶。毕业后进入上海对外经贸大学从事国际中文教育及汉语教学与研究工作,在语言类重要期刊发表了多篇学术论文。工作若干年后,为进一步提升学术研究能力,又在职进入上海师范大学从事博士后研究工作。真诚期待赵彧博士以《汉语实词虚化现象研究》一书出版为契机,在汉语语法研究领域取得更多的创新性成就。

2024 年春节

序　二

众所周知,汉语实词的虚化现象一直是语言学界研究的热点问题之一。这些年来,随着各种语言学理论的不断引入与借鉴,研究方法的不断改进与完善,研究手段的不断更新与提升,实词虚化各项研究确实得到了一定发展,而且各种研究成果的数量也与日俱增。不过在取得相应成绩的同时,也不能忽视存在的问题,比如系统性、创新性的研究成果还不是很多,尤其是结合特定语言学理论与研究方法的深层次探讨,更有待进一步增加。而赵彧博士这本《汉语实词虚化现象研究》著作,正是在此学术背景下的一项多维突破与尝试的重要研究成果。

总体而言,当前汉语实词虚化研究的发展与成就,主要体现在以下几个方面:

研究理论与观念的改进、转变。随着实词虚化各种研究理论和方法的引进,经过长期探索和发展,改变了人们对语言研究的基本观念。虚化研究已经从早期的重描写,转向到在描写基础上重解释,开始把观察、描写、解释的"三个充分"作为语言学的研究目标和方向。研究过程已不再仅仅着眼于对语言现象的功能说明,研究的视角和切入点也不再满足解释共时层面的变异现象,而是更加重视通过历时层面的演化来证明。当前虚化研究,无论是理论还是方法都能够越来越相互渗透、相互借鉴、相互影响。随着研究思路合流、研究方法汇聚,虚化研究也不再仅仅关注个别语言或个别语族、语系内部的解释,而越来越重视用更广范围的语言材料来探寻并总结语言共性与语言规律。研究理论也从重表层结构关系和深层语义关系的传统语言学发展到重语言环境的功能效用与认知理据的语用功能等多个方面,而且还探究语言表达的主观情态与交际过程中的双方互动。

研究领域与视角的拓展、创新。实词虚化研究中的语法化理论在虚化现象研究中得到了迅速发展,呈现出一派兴旺繁荣的局面。实词虚化研究在汉语研究中已经得到了广泛的响应，并且取得了可观的成绩。无论是研究现代汉语还是古代汉语，或者是方言与民族语言，都能够正确对待和合理解释语言的发展与变异的现象。尽管不同领域的学者理论背景、采用方法和研究兴趣存在着一系列差异，但都可以从研究实词虚化的理论与方法中汲取所需要的知识，都可以利用这些学说来为研究服务，而且还可以借此打通历时与共时、共同语和方言之间的联系。实词虚化的多角度研究在继承传统语言学基础上不断借鉴和引入语言类型学、认知语言学、社会语言学、语用学以及话语标记等理论。虚化研究的各种理念、视点与技术、方法，逐渐形成横跨历时与共时、具有多学科视角的研究理论。

研究队伍与成果的增强、扩展。迄今为止，学界已发表大量研究实词虚化的学术论文，出版了一系列很有见地的实词虚化研究专著，解决了不少虚化研究的疑难问题。而且这些年来许多年轻学者参加了实词的虚化研究，光每年写出的涉及汉语虚词各个方面的硕、博士论文就不下几百篇。所以，实词虚化现象正在受到越来越多语法研究者的重视。纵观这些年来的实词虚化研究成果，尽管各项成果的水平还参差不齐，但总体而言，大多数研究成果的价值还是值得肯定的。

赵彧这本实词虚化的专著，基于语法化、主观化等理论对汉语实词虚化现象进行了多方面探索。论著是在我指导的硕士论文的基础上扩充、修改而成的。纵观全书各个章节，各项虚化研究基于词汇化、语法化、主观化相结合的角度对降格否定的性质、句法结构的情态化等诸多问题从动因与机制、特点与差异等多方面进行深入的研究，力求句法、语义、语用详细而充分。该专著无疑是对汉语实词虚化研究的重要增补，其理论价值和应用功效均非常重要。我觉得，大体可以归纳为以下三个方面：首先，作者对汉语的降格否定现象作了详细的刻画，从副词化、连词化、标记化、关联化对汉语降格否定的虚化现象作了系统深入的研究，形成了完整的事实和较为可信的结论，使人们对降格否定的特定现象有了基本的了解，对相关语言现象与课题的后续研究，具有较高的参考意义。其次，以动宾结构"看样子、看情况"和动补结构"看起来、看上去"对汉语句法结构的实词虚化问题，或者进一步说情态化问题做了富有成效的研究，又对"看样子"的语篇推理模式、"样子"的助词化现象以及"有待"的词汇化问题做了精到的研究，这些研究既是作者对已有研究继承与吸收的创新结果，也是作者勇于探索与阐释的重要成果。

毋庸讳言，该专著也还存在少数有待进一步改进之处。比如，研究现象的涉及还不够系统，个案研究的覆盖还不够全面，整体研究的深度还可以进一步提升。尤其是,虽然本论证对相关语言现象已作了多角度的展现,但在理论解释上还须进一步探究改进,尚须展开更加深入、精细的挖掘。不过,我个人认为,这本专著无疑是迄今为止语法学界在汉语实词虚化方面研究最具特色的创新之作,非常值得学界同仁与硕、博士研究生关注与借鉴,所以,我郑重向大家推荐。

自从 2013 年跟我研读硕、博以来,我深深感到赵或学习踏实勤恳、认真专注,为人正直热情、品行端正。尤其是毕业以来从未放松懈怠,一直在不断地努力。更令我欣慰的是,这几年他又连续发表了多篇颇具创意的核心期刊学术论文。所以,我完全相信而且非常期待,赵或在以后能够取得更加优秀的学术成就。

张谊生

2024 年 2 月 16 日于上海师范大学

目　　录

上　编

降格否定与语法化研究

第一章 绪 论

汉语否定范畴的研究已经取得了相当多的成果。诸多学者依据不同的理论，从不同角度研究否定范畴的成果也是颇为精彩，都取得了很多有意义的创获。然而，一些关于汉语否定的基本现象，学界还是鲜有讨论，仍需要进一步探讨和研究。现代汉语中，存在一批由古代的单词演化为今天的语素保留在当代汉语中表示委婉式否定的降格语素，如"鲜有、难以、遑论、罔顾、讵料、岂敢"等，学界对这种降格否定的关注还不充分，其在语义性质、语用功能以语法化方面还有待进一步深入研究。这种降格否定与汉语中的常规否定在语义表现、表达功能、语体分布等方面又有哪些不同。针对上述现象，本编拟选取"鲜有、遑论、岂敢、讵料"作为研究对象，从句法到语义，从篇章到语用以及其语法化、词汇化过程作一个详细系统的描写与解释，最后再探讨这些降格否定与其汉语中对应形式的否定"没有、不论、不敢、不料"在否定强弱程度、否定方式、主观情态以及篇章功能等诸多方面的异同。

1. 否 定 研 究

1.1 否定研究概览

人类的言语行为从根本上反映了人类的认知世界和表达方式。语言是一个由规则构成的体系，语法是这些规则在语言中的体现，而语义则映射了客观世界的范畴和关系(石毓智，2000)。"否定"这一语义范畴，同样是人类认知客观世界的一种方式。德国哲学家、理论逻辑的奠基人弗雷格曾经指出："每个思想都有一个与之矛盾的思想。"这种矛盾关系即否定语义关系，通常通过使用否定词来表达。否定和肯定一样，是人们认知客观世界、理解和表述客观世界的重要范畴。在人们的认知和交际过程中，几乎总是需要对事件、性质、动作等进行否定表达。

否定范畴一直是语言学研究的热点问题之一。国内语言学界对否定的研究已经相当充分，涵盖了否定标记词、否定焦点、否定辖域、否定标记的句法和语义以及相关的否定格式等方面。否定属于逻辑范畴，与肯定相对立，而否定句则是语法范畴。我国第一部语法著作《马氏文通》就开始了对否定句的研究。关于汉语否定的研究，大致以 20 世纪 80 年代为分界，分为两个阶段。早期汉语否定的研究未能受到语法学家的普遍关注,许多语法著作里都没有对其进行专门论述,而是放在词类范畴中讨论,大多是在考察"不""没有""别"等否定词时附带提及。后来虽然出现了专门论述的文章,但总体来说不成体系。本节不拟对汉语否定研究做全局式的研究,仅作概览式介绍。

金兆梓的《国文法之研究》(1922)和黎锦熙的《新著国语文法》(1933/1924),金文明确指出:"凡是肯定句与否定句的分别只需看表词中有否'不''无''非''弗''莫'等否定副词就可辨得出",采取形式标准来划分肯定句与否定句的。黎文主要讨论否定词、否定的平比句等,都是举例性的。有关否定范畴研究方面,吕叔湘的《中国文法要略》(1982)是一本具有开创意义的著作。该书比较全面、详细地描述了汉语里的各种否定词,并明确指出了确定否定句的标准。王力在《中国现代语法》(1985)里描述了几个常用的否定词用法以及其内容分类,还讨论了否定作用的意义、否定语的特殊形式、反诘语充当否定作用问题。高名凯的《汉语语法论》(1986)提到否定词虽然加在主要动词或系词上,但否定实际是对整个命题的否定,因而否定词不能简单地看作副词。另外,丁声树等的《现代汉语语法讲话》(2004)专门设立一章讨论汉语的常用否定词的用法和双重否定,对此做了十分详细的描写。

这一时期相关的专题性文章有朱德熙的《说"差一点"》(1959)和刘世儒的《"不"字用法汇释》(1959)。这一时期对否定范畴做了一些有意义的探讨,对后来的研究具有启发性,但研究偏重描写,深度不够。其后赵元任在《汉语口语语法》(1979)里提到汉语中的种种否定现象。邓守信的《论汉语否定结构》(1974)一文采用生成语义学理论中的有关观点,着重讨论"相对"和"相反"一对概念以及全句否定与句子成分的否定、否定的范围、否定词的降位和升位问题。

进入 20 世纪 80 年代以后,汉语否定范畴的研究取得了巨大的进展,不仅体现在研究否定论文的数量上,同时注重语言事实和理论的结合,这一时期对否定标记本身的研究有:

胡裕树主编的《现代汉语》(1979)把肯定和否定看作句子的口气,即理解为语用平面的一种表现,这探索否定范畴的属性提供了一个引人深思的线索。邢福义在《论"不"字独说》(1982)里讨论"不"字独说的两种作用:一是简明否定,二是修订引进,并指出前者应算独词句,而后者不应算独词句,就是一个插说成分。吕叔湘的《疑问·否定·肯定》(1985)一文讨论了几个常用否定词的应用场合和作用。马清华在《现代汉语的委婉否定格式》(1986)阐释汉语中委婉否定格式(如"不大、不太、不很、不够"等)的内部结构和其语法意义以及句法特征、功能分析十分细致而深入。沈家煊的《"判断语词"的语义强度》(1989)和《"语用否定"考察》(1993)也是两篇重要的文章,他又在《"好不"不对称用法的语义和语用解释》(1994)对"好不"的不对称用法作了探讨。钱敏汝的《否定载体"不"的语义——语法考察》(1990)一文运用多层面的考察方法对"不"进行研究,殷兴鹰的硕士毕业论文《现代汉语否定词的句法、语义、语用平面考察》(1991)一文对现代汉语否定词进行多角度的考察,石毓智的《肯定和否定的对称与不对称》(2001)也是研究否定的一篇力作。张伯江在《否定的强化》(1996)中考察了连用两个以上的否定形式。沈家煊的《不对称和标记论》(2015)论述否定范畴内部有标记(否定的不是真值条件)和无标记(否定的是真值条件)的对立。新时期以来,研究汉语否定的以戴耀晶、袁毓林以及张谊生等成果较为突出。戴耀晶的《试论现代汉语的否定范畴》(2000a)、《现代汉语否定标记"没"的语义分析》(2000b)、《汉语的否定语义分析》(2001a)、《汉语否定句的语义确定性》(2004a)、《试说"冗余否定"》(2004b)等系列文章研究了否定。袁毓林的《连谓结构的否定表达》(2000a)、《否定式偏正结构的跨维度考察》(2000b)、《论否定句的焦点、预设和辖域歧义》(2000c)等以多角度、多层次、挖深度的方式研究否定,大大提高了该课题的研究水平。张谊生的《现代汉语预设否定副词的表义特征》(1996)、《试论主观量标记"没"、"不"、"好"》(2006a)、《预设否定叠加的方式与类别、动因与作用》(2011)、《汉语否定的性质、特征与类别——兼论委婉式降格否定的作用与效果》(2015a)、《从介词悬空到否定副词——兼论"无以"与"难以"的共现与趋同》(2015b)和《贬抑性否定规劝构式"你少 X"研究——兼论"你少 X"与"你别 X"的区别》(2015c)从不同方面研究了否定的类别、主观量以及否定的性质、语用效果及演化等。近些年,否定研究成果仍然硕果累累,如关于汉语特殊否定的研究,目前较为全面的就是王志英的博士毕业论文《现代汉语特殊否定现象认知研究》(2012),该文从元语否定、预设否定、羡余否定和间接否定四个特殊否定现象入手,详细全面地分析这四类否定的定义、认知机制、生成和使用的制约条件,以及其生成的动因和机制等。刘丞《非句法结构反问形式的演化及其动因与机制——基于构式功能转化》(2014a)刘洋《"不"独用的性质、功能及演化研究》(2015)和李嘉倩《否定标记在主句与宾语从句间的移位选择研究——兼论否定性主句主谓结构的背景化与标记化》(2015)等文章也都从不同角度研究了否定现象,这些文章既是对前人研究成果的继承,也开拓否定范畴研究的新思路。

1.2　降格否定研究

降格现象在现代汉语中普遍存在,学界对降格现象从不同角度都已有所研究。本文讨论的降格否定现象,其中的"鲜、遑、岂、讵"都是由古代的单词降格为语素形成的,这是词降格为语素。降格现象除了出现在词法层面,句法、篇章层面也有体现,着眼于语法化视角,汉语中名词降格为后置词、动词降格为前置词、连动结构降格为偏正结构、述谓结构发展为降格述谓结构以及由前景成分降格为背景成分等都是降格现象的体现。

目前,学界对降格否定的研究主要有如蒋华《"没有 + NP"与"缺乏 + NP"》(2011)从主客观性、质的否定和量的否定等角度分析二者的差异,认为"没有 + NP"重客观性,既能表达量的否定,也能表达质的否定,而"缺乏 + NP"重主观性,主要表量的否定,存在对预设的否定。郭中、陈昱钰《"没有 + NP"与"缺乏 + NP"的对比分析》(2013)与蒋华论证观点大体一致。刘丞《非句法结构反问形式的演化及其动因与机制——基于构式功能转化》(2014a)运用词汇化、主观化等理论讨论了非句法结构"岂敢"的标记化,其已发展成为自谦、客套的话语标记。张谊生(2015a、2015b、2015c)三篇文章从宏观和微观均谈到了降格否定。其中,《汉语否定的性质、特征与类别——兼论委婉式降格否定的作用与效果》(2015a)是一篇研究否定的宏观性文章,认为降格否定可以分为两大类,黏着的否定语素和自由的否定词语。所谓黏着的否定语素,大多是由古代的单词演化为当今的语素。比如"遑、罔、鲜、毋",作为否定语素,现在还保留在一些书面色彩较强的"遑论、罔顾、鲜见、毋忘"等文言单词当中,表降格否定。另一类委婉式降格否定,除了用副词"未尝、未必、未始、未免、难免"外,动词"缺、欠、缺少、丧失",形容词"难、乏、少"等,也可以表示各种不完全的降格否定。张谊生《从介词悬空到否定副词——兼论"无以"与"难以"的共现与趋同》(2015b)和《贬抑性否定规劝构式"你少 X"研究——兼论"你少 X"与"你别 X"的区别》(2015c)是两篇研究降格否定的微观性文章,前文从介词悬空的角度探讨二者的形成,认为"难以"主要表示"不易"的方式义,在一定语境中也可以表示委婉的不完全否定义,在与"无以"的共现中,两词的否定性语义已逐渐趋同,呈现出同质化的倾向。后文从构式化角度对"你少 X"的构成方式、语义特征、句类归属及语用语境加以描写,揭示了这组构式的提醒与建议、规劝与告诫、贬抑与调侃、反对与指责等语用倾向。结合上述研究,本文把降格否定界定为,所谓降格否定:重在否定的构造,指结构上不自由、语义上不彻底、语用上具备委婉情态的否定,并选取"鲜有、遑论、岂敢、讵料"作为个案研究对象,详细全面地从功能角度、篇章视角、语法化、词汇化等角度研究这四个降格否定,详细分析它们各自的语法化过程以及与汉语中对应形式否定的对比。

从语体色彩上看,大体上都具有文言色彩,因而其出现语体主要为书面语,少数也可以出现在口语中。就降格否定的来源来看,大体有五个:

(1)反问到否定的语用来源:遑论、讵料、岂敢等。

(2)量少到否定的语用推理:鲜有、少有、缺乏等。

（3）文言否定的语素遗留：罔顾、毋忘、弗如、漫说等。

（4）否定过量：不大、不太、不很、不够等。

（5）义素否定：难以、难免、戒骄戒躁等。

2. 理论取向与研究对象

本编主要采用功能主义取向，把描写与解释、历时和共时相结合，在充分描写的基础上，结合语法化、词汇化、主观化、标记化、关联理论等理论，综合运用语用学理论与篇章语言学等理论来阐释本书。书中加"（）"的，表示该成分是原有的；加"［　］"的，表示该成分是添加的；加"＿＿＿"的，表示该成分是强调的。第二章以"鲜有"为研究对象，研究其句法语义功能，并从历时角度分析其副词化过程，最后探讨其与常规否定"没有"的差异；第三章以"遑论"为研究对象，从句法、语义、情态与演化模式等进行研究，最后探讨与"不论"的差异；第四章以"岂敢"为研究对象，从句法分布与选择限制、否定性质与表达功能、"岂敢"的语法化及其机制以及与"不敢"的差异对比四个角度全面详细地剖析其共时表现和历时发展；第五章以"讵料"为研究对象，从篇章表现与共现连用、语义性质与表达功能、演化模式行文，并比较"讵料"与"不料"在否定层面、范畴层次以及语体分布等方面的差异。

3. 语　料　来　源

本书语料取自北京大学中国语言学研究中心现代汉语语料库和北京语言大学现代汉语语料库以及人民网、新浪网、新华网等的当代新闻报道、网络上的报刊以及期刊论文、著作。所有例句均标明详细出处，少数长句略有删节。

第二章 "鲜有"的副词化及其相关问题

汉语否定范畴的研究已经取得相当多成果。诸多学者依据不同的理论,从不同角度进行的研究也是颇为精彩,都取得了很多有意义的创获,如吕叔湘(1985)、马清华(1986)、沈家煊(1993)、张伯江(1996)、戴耀晶(2000a、2004)、袁毓林(2000c)、江蓝生(2008)、张谊生(2015a、b)等。然而,一些关于汉语否定的基本现象,学界还是鲜有讨论,仍需要进一步探讨和研究。

现代汉语中,存在一批由古代的单词演化为今天的语素保留在当代汉语中表达委婉式否定的降格语素,如"鲜见、难以、遑论、罔顾"等,学界对这种降格否定表达法关注还不充分,对其句法限制、语义和语用差异、语体风格以及与汉语常规否定之间的异同、主观性等方面描写和解释还不够全面。

1. 后接成分与句法分布

1.1 后接成分

动词性状中短语"鲜有"的后接成分是一个广义的、宽泛的语义成分,既可以是体词性宾语,也可以是指称性的谓词性宾语。

1.1.1 无界名词

"鲜有"后接成分"NP"的准入条件常为普通名词、客观的抽象名词以及表示类指的名词,一般不能为光杆专有名词或者具有主观倾向的抽象名词,这里的"有"为表示存在或领有的动词,"鲜"为状语性的修饰语。"鲜有"其后所接名词的语义特征多为[+无界性、客观性]。如:

(1) 作为此次联赛中与八一队实力不相上下的一支劲旅,济南军区队一路过关斩将,鲜有敌手。(新华社 2003 年 4 月份新闻报道)

(2) 四十余年前,周而复在香港的寓所,曾名曰:北望楼。以后,鲜有用处,然"北望楼"一方石印,却几经乔迁,未曾丢失。(吴霖《北望楼上的周而复》)

(3) 高桥屠宰场组建之初,鲜有销路,高薪聘请黑老五为其业务主管,以期拓展业务。黑老五原为肉食经营户,卖肉二十余年,把式很高,号称"韦曲第

一刀",塬上塬下,开有两家肉店。(陆步轩《屠夫看世界》)

(4) 肩挑重担的张宁虽征战十余载,且状态调整到自己最佳期,但她在世界大赛上还鲜有佳绩,因此能否在关键时沉得住气,将是她淘汰马尔廷之关键。(新华社 2003 年 7 月份新闻报道)

除了"敌手、用处、销路、佳绩"外,普通名词还如"服务员、对手、文字资料、百姓、纪录、沟壑、树木、商品"等;抽象名词还有"形象、作为、经验、机会、价值、艺术"等。

表示类指的名词大多是由类后缀"者、家"构成的表某一类人或物,如"做到者、擅长者、相匹者、知者、毙者、读者、学者、批评家",或者是某类机构或职业,如"旅行社、建筑师"等。如:

(5) 就拿中国来讲,历朝历代开国之君,多属军事天才,故能解决夺取政权问题。但当夺取天下后,轮到治天下,这一代代天骄们,鲜有出色者。(2000年《人民日报》)

(6) 但 10 米移动靶则是奥运会的热门项目,不设此项就有些情理上的不通,……这两个项目,都是中国人的弱项,其他国家和地区的射手中也鲜有擅长者,只有日本和韩国射手精于此道,日本人似乎又强上一点。(1994 年《报刊精选》)

(7) 古人虽已认识到了"实事求是"的重要性,但鲜有做到者。其原因,抛开立场、方法上的局限不去管他,最主要的,还是不能不顾忌帝王的严威。(1994 年《人民日报》)

(8) 茶花碎小,白瓣黄蕊,细看洁净无比,清香万分。人多赏茶,鲜有赏茶花者,故群芳谱中未必有它一款。此刻她被慧眼一赏,感恩戴德之心油然而生。(王旭烽《茶人三部曲》)

NP 多为[＋无界、客观]的语义特征,光杆专有名词和表主观倾向的抽象名词如"意思、心意、良心"等不能进入。

(9) 近年鲜有入围重大奖项的布里妮·斯皮尔也获得四项提名,包括年度音乐录像带、最佳女歌手录像带、舞曲音乐录像带和流行音乐录像带。(新华社 2004 年 8 月份新闻报道)

(10) *鲜有布里妮·斯皮尔也获得四项提名。

(11) *鲜有意思、鲜有心意、鲜有良心

1.1.2 指称性动词

指称性动词也可以进入。指称性动词在功能上具有指称性,并丧失时体特征,

不能重叠,不能带时体标记或者受时间副词修饰等,最明显的是定语和句法标记"的"的出现使得指称变得更加显豁,能进入的指称性动词在语义特征上都具有[＋过程性、指称性]。如:

(12) 批评界对宏观文学研究乏善可陈,尤其对文学创作五彩纷呈的面貌,鲜有切实有说服力的追踪。(1996 年《人民日报》)

(13) 诗学批评是一种启示性的、印象式的批评,在表述时往往略去思考的过程,跳跃式地直接端出结论,妙悟的成分多,鲜有死板的推论和演绎。(1996 年《人民日报》)

(14) 中国国家男篮在中韩男篮对抗赛第二回合的比赛中再发神威,以 111：69 完胜韩国队。没有取得奥运会入场券的韩国队,在场上表现松懈,防守不积极,进攻鲜有精彩的穿插配合,使中国队练兵效果打了折扣。(2000 年《人民日报》)

(15) 对于马克思的"社会关系",特别是"关系"概念的存在论内涵可能具有的实体主义和"非实体主义"两种不同的理解方式却鲜有进一步的区分。(2010 年《光明日报》)

朱德熙(2010)称那些有名词的功能的动词为名动词,功能上相当于体词,这是因为汉语的形态变化不如英语那样发达,名转动或动转名往往只用同一语言形式,正因为功能上具有体词性,因而可以受"有说服力的、死板的、精彩的、进一步的"等定语修饰。

1.2 句法分布

1.2.1 充当句法成分

"鲜有"与"NP"在句中可作定语、谓语,以及参与构成句首修饰语,作为背景信息出现。如:

(16) 新世纪第一年的战争,摧毁了在国际社会鲜有邦交的塔利班政权,使多年来备受冷落的阿富汗成为新的国际热点地区,也为临时政权发展全新的外交关系创造了条件。(新华社 2002 年 1 月份新闻报道)

(17) 学生们不清楚日俄战争这段历史,对甲午战争更是鲜有认知。记者在一家日本著名的连锁书店发现,那里销售的日本历史教辅书中,只字未提甲午战争中日本的侵略史实。(2014 年《法制晚报》)

(18) 由于鲜有经验可以借鉴,我们只有"自力更生",使一个计划中得出的数据和经验立刻和其他计划共享。(新华社 2004 年 10 月份新闻报道)

1.2.2 构成兼语句

"鲜有"的宾语"NP"也可以是其后 VP 的施事,具有受动性(affectedness)和施动性(agency)双重身份,因而可以参与构成兼语句。如:

(19) 慈济庵向来香火冷清,平素鲜有香客光顾,这几日来过几个都是为了找人,倘若老尼没有猜错,公子的目的也在于此。(石章鱼《三宫六院七十二妃》)

(20) 除了一篇反响不大的中篇小说《细节》,卢新华在国外期间鲜有文学作品问世。这位昔日的"伤痕文学"主将早已淡出人们的视线。(新华社 2004 年 8 月份新闻报道)

(21) 位于内蒙古自治区巴丹吉林沙漠腹地的必鲁图沙峰,有"沙海珠穆朗玛峰"之称,多少年来鲜有外人登攀。(新华社 2002 年 11 月份新闻报道)

(22) 李卫公设计的长安城里,下流客栈里放了些木制的女人供脚夫们使用,但是鲜有人问津,因为外形虽然是无可挑剔,却总是出故障,一坏就把人卡在里面,疼得鼻涕眼泪直流。(王小波《青铜时代》)

当兼语 NP 所指对象变得空泛而只在观念中存在就可以隐含脱落,兼语位置就形成句法空位(syntactic gaps),其是作为"语迹"(trace)保留在语言中,从而形成"鲜有"与 VP 在线性序列上直接组合,"鲜有"开始向副词化发展。如:

(23) 三者味道出奇的相似,结果沃尔玛超市信心十足的进军可乐市场。不过消费者却鲜有(人)问津,最后只能惨淡收场。(天生小人物《超级成长》)

(24) 各国政府、金融界以及工程科学技术界都在探求危机的成因,但是关于工程科技在对付金融危机方面的作用,还鲜有[ ]议论。(1998 年《人民日报》)

(25) 目前中国队对对手情况的了解仅仅局限于他们近两年在国际大赛、洲际大赛中的比赛成绩,至于对手在训练中所表现的实力鲜有[ ]了解。(新华社 2004 年 8 月份新闻报道)

例(23)兼语"人"受"消费者"所指的影响,变的抽象句法上可以松动脱落,例(24)与例(25)兼语位置由于脱落形成空位("[ ]"所表示),"鲜有"则从述位进入到核心谓词前的状语位置(简称"状位"),开始了副词化的进程。就论元关系来看,其前成分大多为话题成分,这些话题成分为 VP 的受事,有话题标记"关于、至于"显示话题"作用、实力",这种支配关系体现为"议论工程科技在对付金融危机方面的作用""了解对手在训练中所表现的实力"。综上所述,动词性状中短语"鲜有"出现了前后相继的虚化路径:其一,由形容词性语素"鲜"与动词"有"组成偏正词组在句中作谓语时,"有"成为主要动词。由于"鲜"与"有"在句中经常连用,"鲜"与"有"逐渐凝固成一个表示量少的复合动词,这可以看成是由词组虚化为词的一种词汇语法化现象,其后的优势组配是后接体词性宾语,由于组合范围的扩大和类推机制的影响,也可以后接指称性的谓词性宾语。其二,开启了从表示量少的复合动词进一步向副词化发展的语法化过程,其词义进一步抽象虚化,动因与机制就是兼语脱落形成句法空位和在紧邻语境(adjacent context)逐渐副词化。

动词性状中短语"鲜有"
↓
复合动词(组合范围扩大、类推机制) 鲜有雅才、鲜有详细的讨论
↓
否定副词(句法空位、紧邻语境)   鲜有提及、鲜有论述

1.2.3　无生命主语①占据主位②

"鲜有"对主语的要求以无生命主语居多,占83.6%③,表现为主语对"有"的语义关系从领有发展到某种状态的存在,主语通常为无生命性的客观名词或者具有一定生命度的表示某种单位、身份等的类指名词。如:

(26) 为看一场演出而提前两三个月买票,这对中国国内观众来说是件新鲜事。此前国内演出市场鲜有如此规模的循环演出。(新华社 2003 年 3 月份新闻报道)

(27) 由于农业险种的高风险,国内保险公司鲜有涉足,多年来只有中国人民保险公司和新疆建设兵团保险公司能够开展农业保险业务,保费仅占全国财产险保费收入的 0.9%。(新华社 2004 年 5 月份新闻报道)

(28) 虽然封闭式管理让澳门人鲜有机会在街上看到他们的身影,但军营门前的哨兵和驻军仪仗队进行的营区升国旗仪式却成了这个城市的一道美丽风景。(新华社 2004 年 5 月份新闻报道)

有时,主语和"鲜有"之间被相关背景成分或者修饰性成分(主要有介词短语、副词性修饰语、复指成分等)拉开,句法上不再是紧邻关系。如:

(29) 伊拉克正南部主要是沙米亚沙漠,以质地较硬的沙砾为主,一马平川,鲜

---

① 本文对主语有生无生的界定是按照严格意义上的标准,即符合[＋强有生性、＋生物体、＋活动能力]语义特征的为有生,其余则定义为无生,如机构、单位等。

② 这里所说的"主位"与布拉格学派提出的关于句子信息结构的"主位——述位"理论是两码事,本文的"主位"是指主语位置。

③ 统计数据取自 CCL 语料库前 500 条例句,去除重复例句,剩余 446 条有效例句,其中无生主语出现 373 条,有生主语出现 73 条,语料处理时间为 2024 年 10 月 27 日。

有沟壑与树木,且人烟稀少,几乎没有任何天然障碍可以迟滞美英大规模机械化部队的开进。(新华社 2003 年 3 月份新闻报道)

(30) 专家指出,此前细石器在河西走廊一带鲜有发现,此次发现证实:细石器在河西走廊的分布实际上很广泛。(新华社 2003 年 6 月份新闻报道)

(31) 7 年的时间过去了,中国的排球联赛已经发展成国内最成功的市场。这里鲜有赌球、黑哨、打架、罢赛等负面讯息。(新华社 2004 年 12 月份新闻报道)

但是,"鲜有"对主语的要求多以无生命主语并不是绝对的,我们也发现主语为有生主语的情况,只不过这种情况所占比例较少,仅占 16.4%。如:

(32) 费雷罗击球的速度和深度迫使费尔凯克鲜有机会上网,而不得不在底线和费雷罗展开拉锯战,以己之短攻他人之长。(新华社 2003 年 6 月份新闻报道)

(33) 肩挑重担的张宁虽征战十余载,且状态调整到自己最佳期,但她在世界大赛上还鲜有佳绩,因此能否在关键时沉得住气,将是她淘汰马尔廷之关键。(新华社 2003 年 7 月份新闻报道)

例(32)和例(33)"鲜有"的主语"费尔凯克""张宁"都是表示定指的专有名词,其生命度可见一斑。"鲜有"对主语生命度的要求主要还是以无生主语居多。

2. 语义演化与功能表达

2.1 否定生成

"鲜"在上古汉语中就已出现,原作"尟",亦作"鱻",表"少、尽"意。句法上有一定的自由度,既可以进入句法层面,也可以单独作谓语。如:

(34) 百姓日用而不知,故君子之道鲜矣。(《周易·系辞上传》)

(35) 夫宠而不骄,骄而能降,降而不憾,憾而能眕者,鲜矣。(《左传·隐公》)

(36) 夫谋而鲜过,惠训不倦者,叔向有焉,社稷之固也。(《左传·襄公》)

"鲜有"即为"少有",最早也见于上古汉语中,表示"NP 存在,但在量的表现上是不足的",属于数量范畴,这种句法层面的"鲜有"还是以"有"为谓语中心的偏正结构。如:

(37) 事成,乃授子大叔使行之,以应对宾客。是以鲜有败事。(《左传·襄公》)

(38) 臣等既愚暗,而诸郎多文俗吏,鲜有雅才,每为诏文,宣示内外,转相求
请,或以不能而专己自由,辞多鄙固。(《后汉书·周兴传》)

"隐涵义"又称"会话隐涵义(conversational implicature)",是指说话人和听话
人利用"足量准则"和"不过量准则"传递和推导出的隐藏在字面背后的意义。隐涵
义又可分为"一般隐涵义"和"特殊隐涵义"。"鲜有"从表达量少的数量范畴发展到
否定范畴,是基于从表数量少的"鲜有"的"一般隐涵义",经语用推理(pragmatic
inference)推导出的"特殊隐涵义",使得数量范畴和否定范畴间建立了最佳关联,
从而在数量范畴和否定范畴间发生跨域虚化,原本二者之间的句法关系也转为词
法关系,"鲜有"成为复合动词,但由于语义积淀使得"鲜有"表达的否定是一种留有
余地的否定,我们称之为降格否定,其主要特征表现在三个方面:句法上黏着、语
义上不全、语用上委婉。例如:

(39) 马尔廷是世界四号种子选手,但自 1999 年以来,她在与中国姑娘的交锋
中屡战屡败,鲜有胜绩。(新华社 2001 年 8 月份新闻报道)

(40) 在各种竞技体育项目竞相向职业化迈进的今天,中国棋界虽也有所作
为,但相对其他项目而言,却鲜有大的建树。(新华社 2001 年 2 月份新
闻报道)

"鲜"为黏着的否定语素,必须与其他语素组合才具有自由度,"鲜有胜绩、鲜有
大的建树"出于委婉含蓄其否定表达也不是彻底的。"鲜有"降格否定义由两部分
组成:显性组成部分和隐性组成部分。显性组成部分是根据"鲜有"本身的语义来
指明否定对象在量上的不足,但还不至于完全没有;隐性组成部分为预设义,指否
定对象"原本是应该有的"。所以"鲜有"的语义为:否定对象原本应该有却不足,
因而可以理解为量的否定或者部分否定。例如:

(41) 特别是反映中国市场、中国企业的案例少之又少,当哈佛大学认真讨论
海尔"休克鱼"案例时,国内却鲜有教师组织这个案例。(MBA 中国网
2013-04-25)

(42) 众议院就已经通过了众院版的医改法案;在一个多月之后的 12 月 24
日,参议院通过了对应的参院版医改法案。按照中国惯常的立法程序思
考,美国医改法案生效在望。对此,国内媒体鲜有详细的分析解释。
(2010 年《长江商报》)

"鲜有教师"指国内教师本该组织学生讨论海尔"休克鱼"案例,但仍然为数不
多;"鲜有详细的分析解释"指国内媒体应该有详细的分析解释,但数量较少。两者

表达的都是数量上的否定。戴耀晶(2000a)认为汉语否定有全量否定和部分否定之分。全量否定,又叫质的否定,是否认事物的存在或事件的发生,语义含义是"无";部分否定,又叫量的否定,表达"数量不足和表示不及"或者"不够、不到",量的否定是否认事物或事件在数量上的规定性,语义含义是"少于"。综上所述,"鲜有"表达否定时,其否定的程度低,表现出降格否定的性质,其一般出现在句法层面,不能进入篇章中且兼具表达上的委婉情态。

2.2 副词化形成

动词"鲜有"在发展过程中,其发展路径就是副词化。产生这种语法化的机制是紧邻语境和语义虚化导致的,即"鲜有"后接的宾语为兼语成分,当兼语成分所指称的对象不再是客观世界中某一实际所指对象,而是类指对象甚至是无指对象时,其语义逐渐泛化、空灵,以致句法上可有可无,导致兼语脱落,其原来的句法位置则形成一个句法空位。例如:

(43) 据调查,某市近年共兴辟 152 个开发区,除 9 个取得一些实质性进展外,其他均是开而不发,鲜有外商光顾,外资引进。筑了那么多"巢",莫说引"凤",连"麻雀"也招不进一只,成为不伦不类的"棚户区"。(刘翔《开发区走火入魔》)

(44) 潘绥铭教授长期主持婚姻和性社会学方面的研究,……"提高婚姻质量的应用研究"方面取得了较突出的成果,在一些鲜有学者关注的领域如"中国艾滋病高危群体研究"等方面也取得一些重要的成绩。(1998 年《人民日报》)

(45) 近年来张爱玲这个名字很红,她的小说一版再版,一再被文学评论家所提及,但鲜有(人)提及她的优雅,一种另类的优雅。对一个女人而言,张爱玲算不得漂亮,但清瘦的脸庞掩不住忧郁中带着叛逆、冷漠中含着柔情的高傲、高贵和高雅的气质。(张晓梅《修炼魅力女人》)

(46) 公开的外逃贪官回国受审的案件中,鲜有[ ]提及涉案资金的追回。(2014 年《中国新闻周刊》)

例(43)与例(44)"外商""学者"为类指成分,所指称的对象较实在、具体;例(45)"人"为无指成分,其指称对象则较为抽象、泛化,兼语所指逐渐由具体变为抽象,语义也逐渐泛化。发展到最后,兼语可以脱落,甚至无法补出,造成句法空位的形成,如例(46),这可以看成是兼语逐渐消失后作为"语迹"保留在句法层面,这就造成"鲜有"和 VP 线性共现,逐渐副词化。张谊生(2015d)指出核心谓词前后,即状语位置和补语位置都是副词化的句法环境,差别在于状语位置副词化是无标记的、常态的,而补语位置副词化是有标记的、非常态的。"鲜有"向副词化发展就是在紧邻语境中,即核心谓词前状位形成的,这是"鲜有"副词化的句法基础。例如:

(47) 冷战时期,这里是苏美两个超级大国交锋的最前沿;冷战结束后,这里成为国际社会的弃儿,除联合国一些机构外鲜有问津。(新华社 2002 年 1 月份新闻报道)

(48) 由于今年对于报考上海市公务员的外省市社会人员制定了更为严格的招录条件,除须具有硕士研究生以上学历之外,……。去年考场中所见"拖着箱子来考试"的外省市考生现象今年鲜有出现。(2014 年《青年报》)

(49) 遗憾的是,迄今 90 多年已逝,对中国古人类研究史上这一重大发现,除了一些史学家少量的研究文字外,媒体鲜有关注,社会几近淡忘。(2015 年《北京日报》)

句法空位和高频使用使得"鲜有"和 VP 搭配定型化,"鲜有"的语义也开始泛化,不再是主要动词,语义重心偏向 VP,从表达数量范畴转向表达否定范畴。兼语成分如"人"在"鲜有出现、鲜有关注"已经很难补出,补出反而不恰当。例(49)更出现"鲜有"和"几近"对举使用,使其副词化的性质更为明显。"鲜有"在紧邻语境和语义泛化中发生重新分析,由述位转为状位,在共时平面逐渐语法化为否定副词,但"鲜有"表示降格否定的性质并没有因此发生改变。

2.3 功能表达

2.3.1 遵守礼貌

合作原则是会话的一条重要的指导原则但不是唯一的原则,最引人注意的就是礼貌原则。礼貌是人类文明的标志,是人类社会活动的一条重要准绳,语言的使用同样也受礼貌原则影响。在现实生活中,由于语言不当,甚至语言粗鲁而引起的不必要的误会、摩擦,导致人际关系紧张的例子是不少见的。这足以说明礼貌在语言使用中的重要性(何兆熊,2000)。在诸多语言交际的场合中,违反会话准则从而含蓄、间接地表达自己,往往就是出于礼貌的需要。如:

(50) 她从来不曾有过男人,还是个处女。长得丑陋,没有人问津。(埃萨·德·克罗兹《巴济里奥表兄》)

(51) 但光凭技术、法律、行政手段就能解决所有问题吗?为什么今天环保成果还是鲜有人问津？为什么工业企业还是不愿在环保设施和清洁生产工艺上投入？为什么破坏生态环境的行为还屡禁不止？（汉尼根《环境社会学》）

例(50)这样的表达过于直接，显得唐突，开门见山地表达一个女性长得丑陋，没有人问津，这是一种讽刺甚至侮辱。例(51)对企业在环保设施和清洁生产采取的是"不愿"这样的直接否定，对生态环境遭到破坏同样也是直接否定，而对环保成果的否定还是留有余地的，并没有采取直接的否定形式"没有"，而是"鲜有"，这里就体现出礼貌原则在语言表达时调节作用。再如：

(52) 比赛结束后，大家蜂拥而至赛场，见到马晓春后便问赢了多少，马晓春说："大概5目半吧。"当记者问马晓春对后天执白棋怎样下时，马晓春说："没有考虑，先赢下一盘总是好事吧！"（1996年《人民日报》）

(53) 非典暴发之前，演出商考虑的风险问题主要集中在销售、赢利等方面，对于其他如车船事故、火灾暴雨、人身伤害、战争疫病等因素则鲜有考虑。（新华社2003年6月份新闻报道）

例(52)言者说出"没有考虑"是对记者提问的直接否定，这种否定方式在交际场景中往往会导致交际中断，而例(53)"鲜有考虑"的否定方式具有主观性，在没有客观准确统计之前，采用这种否定方式也较为可取。语言表达越直接、客观性越强，宜采用"没有"进行否定；语言表达越间接，主观性越强，一般就宜采用委婉的"鲜有"进行否定。这都是出于礼貌的需要，礼貌原则在语言使用中具有更高一层的调节作用，它能维护交际双方之间、与读者大众之间等的友好关系。

2.3.2 维护面子

采用"鲜有"表达降格否定，往往也与维护"面子"或者是降低交际过程中带来的"面子威胁"有关。在布朗和列文森（1978）看来，礼貌就是"典型人"（Model Person，简称为MP）为满足面子需求所采取的各种理性行为。所谓"面子"，也就是每一个社会成员意欲为自己挣得的那种在公众中的"个人形象"（the public self-image）。他们认为礼貌概念本质上是策略性的，即通过采取各种语言策略达到给交际各方都留点面子的目的，他们称之为"面子保全论"（Face-saving Theory，简称为FST），与保全面子行为相对立的就是面子威胁行为（FTA），布朗和列文森认为，许多言语行为本质上是威胁面子的（何兆熊，2000），这在语言的否定中尤为明显，因为暗示别人不知道某件事是一回事，而明确告诉别人他的想法错了那又是一回事（沈家煊，2015）。采用"鲜有"这种间接的、量的否定通常就是出于遵守礼貌、维护面子的考虑，说话人对一个否定判断往往想"留有余地"，说得委婉一些，就是这个道理。例如：

(54) 男子自由式摔跤发展相对滞后,中国选手在以往的世界大赛上鲜有作为 [没有作为],高文和在 1984 年洛杉矶奥运会上夺得第四,是迄今最好成 绩。(新华社 2004 年 6 月份新闻报道)

(55) 中国作家读经典作家,其中很重要的因素是学习他们怎么提炼小说的人 物,怎么用新的方法,用创新的精神来结构自己的小说等等。福克纳、马 尔克斯等作家的写作,会告诉你怎么做,中国作家却于此鲜有贡献[没有 贡献]。(2014 年《文学报》)

此二例,如果换成"没有作为、没有贡献",表达过于生硬、直接,采用"鲜有"否 定表达法,能避免这种生硬的表达;另一方面,如果换成"没有作为、没有贡献"这种 质的否定表达法,如"中国选手没有作为、中国作家没有贡献",这种直接的、质的否 定往往会带来面子威胁,有损否定对象的面子,难免引起争论,而采用"鲜有"这种 积极的礼貌策略能保全主体的面子,减少欠妥的表达带来的面子威胁,降低交际过 程中难堪的局面以及避免交际关系恶化。所谓积极的礼貌策略是指满足听话人的 积极面子需求,使听话人所要求的个人形象与说话人在言语行为中体现的听话人 个人形象达到一致(何兆熊,2000)。

2.3.3 体现主观性

语言研究要结合动态语用等因素,在动态的语用过程中,语言往往会经历从非 主观性、主观性到交互主观性、从命题功能发展到言谈功能、从客观意义发展到主 观意义、由非认识情态发展到认识情态这一语法化单向性发展路径(吴福祥, 2004)。在日常话语交际中说话人不仅要表达命题意义而且要表达"言者意义",而 后者体现了语言的主观性(subjectivity)。所谓语言的主观性,指的是说话人在说 出一段话的同时表明自己对这段话的立场、态度和感情,从而在话语中留下"自我" 的印记(沈家煊,2001)。"鲜有"进行降格否定表达时,能体现说话者的某种主观意 愿,其语义特征可以总结为[+主观性],这可以从以下两点表现出来:

其一,NP 前出现表主观情感的定语。例如:

(56) 如今某些电视节目和报刊不遗余力地制造一个个"商业文化明星",大肆 渲染明星轶事绯闻,争先恐后"炒文稿","追"俗了,"炒"滥了,却鲜有中 肯的理性的艺术批评。(新浪博客 2010 - 06 - 11)

(57) 由于作家不能跳出自己的层次,把自己及同类人作为对象来分析,而满 足于简单的道德评价。这使我们的文学人物画廊里至今鲜有丰满的知 识分子形象。(《读书》vol - 069)

"中肯的理性的"流露出作者对艺术批评的主观态度,"鲜有中肯的理性的艺术批评"表达出当前艺术批评应该回归到中肯的理性的美好愿望。"丰满的"表达了作者对"文学人物"应有艺术形象的主观态度,"鲜有丰满的知识分子形象"表达了作者对当前文学人物研究不全面、不透彻的某种担忧。

其二,NP 表现出的语义特征为[＋积极义]。例如:

(58) 我国所谓的热销书销量与人口比例远远低于欧美国家,政论性读物热在城市,热在中等收入阶层,而占中国人口绝大多数的小城市的读者和农民对此鲜有热情。(1996 年《人民日报》)

(59) 正如沃伦·巴菲特的家训所说,"生下来嘴里就含着一根银汤匙的人,最后可能变成背上插着银匕首的人,因为他们容易产生权力感而鲜有成就。"(《mangazine|名牌》杂志,2011－10－24)

(60) 有关建设负责人透露,这一项目经国家批准后,从未调整追加过工期和概算,工程管理和施工表现出很高的水平。如果工期再有大幅度提前,将创造大型核电站建设的鲜有佳绩。(新华社 2002 年 2 月份新闻报道)

"热情、成就、佳绩"等都是积极义的,都是主观上希望发生的,都带有说话人主观意愿上正向的主观情感。而表消极义的 NP 是不能与"鲜有"组配的。例如:

*鲜有车祸、*鲜有疾病、*鲜有战争、*鲜有挫折
*鲜有危机、*鲜有杀害、*鲜有迫害、*鲜有危害

而"没有"在表达时,更多的是一种客观的陈述,情感色彩偏向于中性。蒋华(2011)就认为"没有＋NP"是对客观事实的描述和反应,故具有[＋客观性]的语义特征,其后的名词宾语既可以是积极、正向意义的词语。例如:

没有新意、没有信心、没有成功、没有进步、没有勇气
没有资助、没有人才、没有效果、没有自由、没有力量

也可以是消极、负向意义的词语。如:

没有失败、没有挫折、没有危险、没有危害、没有杀害
没有惩罚、没有麻烦、没有私利、没有误差、没有毛病

2.3.4 表达交互主观性

语言不仅能表达主观性,而且还常常表达交互主观性(intersubjectivity)。交互主观性指的是说/写者用明确的语言形式表达对听/读者"自我"的关注,这种关注可以体现在认识意义上,即关注听/读者对命题内容的态度。但更多的是体现在社会意义上,即关注听/读者"面子"或"形象需要"(Traugott 1999a)。语言在交际

过程中,话语重心从言者本身越来越聚焦于受话人,话语表达视角(perspective)越来越倾向受话人,越来越照顾受话人的"面子"或"形象需要"以致进行否定时,采取留有余地的、委婉含蓄的"鲜有"进行否定比较适宜,能表达出交际中的交互主观性,既能站在对方的角度考虑,保全对方的"面子"或"形象需要",不会使交际陷入难堪的局面,也能表达委婉否定。例如:

(61) 相比这位"欧洲大妈"在处理国际问题上化刚为柔的政治天才,默克尔的国内改革却鲜有成就。(《环球》杂志 2009 - 07 - 13)

(62) 现阶段我国的食品安全措施主要集中在生产过程的监督和事后的补救,而在事前的监督预防方面却鲜有作为。(新浪教育 2014 - 08 - 05)

(63) 在各种竞技体育项目竞相向职业化迈进的今天,中国棋界虽也有所作为,但相对其他项目而言,却鲜有大的建树。(新华社 2001 年 2 月份新闻报道)

(64) 17 年前就进入专业队的王妍师从著名竞走教练王魁和张阜新。除了在 1996 年获亚特兰大奥运会女子 10 公里竞走第三名后,王妍鲜有辉煌战绩。(新华社 2001 年 11 月份新闻报道)

例(61)前后两句形成鲜明对比,前一小句重在肯定,后一小句旨在否定,正是顾忌默克尔的政治形象才采用"鲜有"这种降格否定,如果直接采用"没有成就",就不能体现交互主观性,这是不可取的。例(62)表明现阶段我国的食品安全工作存在失衡状态,但如果直接说"事前的监督预防没有作为",就有损政府形象,所以采用"鲜有作为"能体现顾忌政府形象这种交互主观性。例(63)与例(64)中"鲜有大的建树、鲜有辉煌战绩"也是为顾及"中国棋界、王妍"的"面子"需要而采用的一种委婉的、留有余地的否定表达。"鲜有"的交互主观性用法也是"赞扬准则"的体现,赞扬准则指减少对自己的表扬,尽量多赞誉别人。而采取直接的、质的否定"没有"显得太过强硬而没能顾忌对方的感受或者是"面子",从而使交际陷入紧张、僵化的氛围中。例如:

(65) 我们不是说领导没有智慧,领导的"点子"也不见得不对,但问题在于你的点子要拿来经过社会公众参与……,必要性和可行性怎么样,不能有一种"众人皆醉我独醒"的主观倾向。(2014 年《华商报》)

(66) 在进行医保辩论时,希拉里曾认为国会里都是一群"胆小"的"发牢骚的人"……媒体也是她攻击的对象,认为他们"自尊自大又没有头脑"。(中国新闻网 2014 - 02 - 11)

例(65)如果直接说成"我们是说领导没有智慧"这种冒失、不恰当的表达,就会显得对领导不尊重,有损领导的个人形象,会带来"我们"与"领导"之间人际关系的紧张,正是为了考虑到领导的形象需要,所以采用了双重否定表达法。例(66)希拉里没有站在媒体的角度而直言不讳地说媒体"自尊自大又没有头脑",难免会给自己带来与媒体之间关系的紧张,这种生硬的否定表达在交际中应尽量少用。

3. "鲜有"与"没有"对比分析

"鲜有"与"没有"既有动词的用法,也有作否定副词的用法,本小节不对这两种用法作详细区分,侧重点放在二者使用时的对比性差异上。

3.1 语义辖域不同

《现代汉语八百词》(增订本)和《现代汉语词典》(第六版)等语文类词典均认为动词"没有"既可表达对"领有具有的否定","对存在的否定"以及表示"全都不",其否定皆为全量否定,或者叫质的否定,也可表达"数量不足和表示不及"或者"不够,不到",其否定皆为部分否定,或者叫量的否定。例如:

(67) 钟灵迷迷糊糊的思忆着,浑身却虚飘飘的没有一丁点儿力气,她只觉得疲倦无力,只能被动地站着,被动地倾听他的话,好半晌,才勉强挤出一句话来。(蓝嫣《花过雨》)

(68) 咱们天法国在外找糊口、生活的壮丁可多着呢,没有三十万也有二十多万吧,要是全都回来,可杀力无穷啊!(刘定坚《刀剑笑》)

前例为质的否定,后例为量的否定。"没有"否定的语义辖域(scope)涵盖了质的否定和量的否定。而"鲜有"否定的语义辖域仅有量的否定,所以"没有"语义涵盖的范围要大于"鲜有"的语义范围。如下图所示:

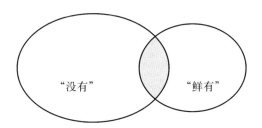

图1 "鲜有"与"没有"的否定辖域

这种语义辖域上的差异体现在与数量短语或者表周遍性词语搭配上，尤为明显。如：

其一，"没有"否定的"NP"前可以出现表最小量级的数量短语，或者出现表示周遍性的修饰成分，如"任何"等，用否定极小量来否定全量和否定周遍性都是一种全量否定的表达方式；而表示降格否定的"鲜有"却不可以和表示全量的 NP 相匹配。如：

(69) 没有一丁点儿力气　　　　　　没有任何顾虑
　　 *鲜有一丁点儿力气　　　　　 *鲜有任何顾虑
　　 没有一点烦恼　　　　　　　　没有任何不顺心的事
　　 *鲜有一点烦恼　　　　　　　 *鲜有任何不顺心的事

其二，"没有 + NP"和"鲜有 + NP"与数量短语（不包括表最小量的"一 + 量"）共现时，也存在差异。"没有 + NP"与数量短语搭配使用较为自由，若数量短语表示一种必要条件，否定这种必要条件可以理解为质的否定；若数量短语不表示一种必要条件，这时否定就是量的否定，此时表达的语义为"少于"。例如：

(70) 没有五十万美元，休想到外国，现在美元升值，五十万美元差不多四百万港元。（岑凯伦《小星星》）

(71) 本专栏自从复活以来，还没有三个星期，在这两天之内，就接到不少怨声载道的信。（柏杨《柏杨文集》）

"没有五十万美元，休想到外国"可以理解为"必须满足有五十万这个必要条件才可到国外"，如果达不到，就不可以，为质的否定；"没有三个星期，就接到不少怨声载道的信"可以理解为"还不到三个星期，就接到不少怨声载道的信"，为量的否定。而"鲜有 + NP"不可以和数量短语搭配使用。如：

(72) 没有三十万人的气势
　　 没有三十多年的改革
　　 *鲜有三位注意者
　　 *鲜有三套房子

究其原因，我们认为"鲜有"否定的"NP"是无界事物，语义上表示的量是一个模糊的量，不能用很精确的数字使这个模糊的量有界化；而"没有"否定的"NP"既可以是无界事物，也可以是有界事物，语义上表示的量既可以是模糊的量，也可以用很精确的数字使模糊的量有界化，所以就出现了既可表量的否定也可表质的否定两种情况。

3.2　否定纠葛产生

"鲜有"和"没有"在其否定的外延和程度上表现不一，相互间的区别也是不言

自明的,二者在多数使用情况下,差异明显,不存在相互纠葛的现象。例如:

(73) 全场比赛,弱旅马尔代夫队鲜有射门机会,仅仅在比赛快结束时才利用对方球员在门前的一次失误,打出了最有威胁的一次射门,但球被对方门将双拳击出。(新华社 2004 年 2 月份新闻报道)

(74) 第 44 分钟时,青岛队发动进攻,乌克亚直塞禁区,姚夏没有射门机会,跟进的彼得洛维奇把球往前趟了一步,就在他准备跟上打门时,虞伟亮把他扑倒了。(2003 年《天府早报》)

"鲜有射门机会"意为射门机会不多,数量上非常少,后文给出了射门机会在量上的体现"最有威胁的一次射门",其否定的程度不高,留有余地;而"没有射门机会"就是从外延和程度上进行了彻底的否定,其否定程度高,没有余地。细究发现,采用"鲜有"进行降格否定时,由于受句法-语义和语用策略(pragmatic strategies)等影响,"鲜有"表达的降格否定义逐渐趋于弱化,进而与"没有"出现相互纠葛的情形,其语义也逐渐靠向"没有",纠葛就开始产生。先看由语用策略导致的趋同。例如:

(75) 在西方文化咄咄逼人的挑战之下,中国文化尽管力图超越自己的传统,对西学做出一个创造性的回应,……个中的缘由历史学家和文化学家们已经谈得很多,然而却鲜有[≈没有]学者从近代知识分子对待学问的态度这一视角溯源的。(《读书》二十周年合集)

(76) 不过,一夕成名的卢新华几年后却选择留学,并旅居美国。除了一篇反响不大的中篇小说《细节》,卢新华在国外期间鲜有[≈没有]文学作品问世。这位昔日的"伤痕文学"主将早已淡出人们的视线。(新华社 2004年 8 月份新闻报道)

否定是一种有损"面子"的表达方式,否定句常被认为是不太礼貌或令人不快的语句,采用委婉含蓄、缓和气氛的表达手段比直接否定虽然好很多,但不影响否定真值的表达,尤其在否定具有声望的对象时。例(75)从篇章对比中可知,"历史学家和文化学家们已经谈得很多",而从近代知识分子对待学问的态度溯源的学者是没有的。例(76)由前后分句对比分析可知,卢新华在国外期间没有文学作品问世,采用"鲜有"一词正是语用策略在语言中的体现,"鲜有"在语义上向"没有"靠近。

再看句法-语义导致的趋同。例如:

(77) 北京市有 800 多万亩林地,5 个森林公园、两个自然保护区、15 个风景林区,具有丰富的林业旅游资源。由于各种原因,其中相当一部分颇具特色的旅游佳处,却一直是"养在深闺人未识",鲜有(≈没有)人问津。
(1994 年《人民日报》)

(78) 罗马尼亚队的 5 名成员平均年龄只有 17 岁,除卡塔利娜·波诺去年参
加了在美国举行的世锦赛外,其他成员都鲜有(≈没有)国际大赛经验。
(新华社 2004 年 4 月份新闻报道)

例(77)颇具特色的旅游佳处由于"人未识",自然没有人问津。例(78)5 名成
员中,只有卡塔利娜·波诺参加过世锦赛,比较而言,其余四位则没有国际大赛经
验。在语义表达的真值上,"鲜有"的否定语义接近于"没有",二者之间的差异甚至
是弱化以致消失,逐渐趋同。这在和"没有"对举使用表现更为明显。如:

(79) 现在有些年轻人与朋友鲜有来往,和家人也没有多少话可说,如此状况
要改变。人是社会的人,与人多交往、多交流,原本就是一条正常的生存
之道。(人民网 2009 - 08 - 13)

(80) 在较长一段时间里,不少领导干部都高速运转起来,忙于应对上级调查
和媒体诘问,但是,本该是漩涡中心的入院婴儿家属,却依然孤寂地为
输液费没有着落而发愁,更鲜有领导干部去看望或安抚。(2004 年《京
华时报》)

副词"也"表类同,使得"鲜有来往"和"没有多少话可说"具有一致性,"鲜有"发
生语义感染,和"没有"差异分歧消失;递进副词"更"使得后分句在语义上比前分句
更深一层,"没有着落"已经是质的否定,后分句"鲜有"分析为"没有"更加合适。我
们把由句法-语义和语用策略导致"鲜有"和"没有"的纠葛用函数关系表示出来,即
如果二者共同发挥作用,"鲜有"就会无限靠近"没有",趋同越明显,纠葛越严重。
如下图:

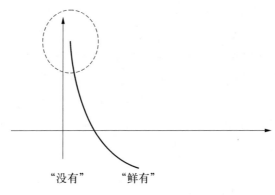

图 2　"鲜有"与"没有"的否定纠葛

3.3 预设存在差异

对预设(presupposition)这一问题详细进行研究的是被誉为现代逻辑学奠基者的德国哲学家弗雷格(Frege),他认为人们在通过一句句子做出声言时,必然存在显而易见的前提,即在声言中所用的专用名词必有所指(弗雷格,1994)。如:

(81) Kepler died in misery.

该句中 Kepler 这个专有名词必然与客观世界的某一存在的客观实体相联系,该句得以成立的前提就是"Kepler existed"。Frege 对预设的这些基本构想对后来的语言学,尤其是语用学的发展产生巨大影响。

张斌先生(2003a)把预设解释为"理解句子的前提",并举如下例子:

(82) 他虽然十六岁了,但是仍旧像个孩子。

(83) 他虽然只有十六岁,却已经像个大人了。

张斌、胡裕树(2003)认为,说(82)的人的预设是:十六岁该算大人了。说(83)的人的预设是:十六岁还是孩子。可见预设不是指客观存在的事实,而是指说话人所认定的事理。这种事理虽然属于主观认识,但总是通过一定的形式表达出来,因而使听者能够理解。毫无疑问,前人对预设的研究对本章写作具有启发性的意义。预设具有已知性,属于旧信息,是从话语自身推导的。"鲜有"和"没有"在预设以及否定有无标记等方面存在一种关联标记模式:

"鲜有"	"没有"
有保留	无保留
有预设	无预设

"鲜有"的语义指否定对象原本应该有却不足,就预设了存在一个否定对象,具有[＋主观性]的语义特征。其在使用时,往往要考虑、顾忌对方的"面子"或"个人形象",照顾到受话人的心理感受,避免交际氛围紧张恶化,否定是留有"心里印记"的,从标记理论看,这就是一种有标否定。如:

(84) 中国美术馆研究员刘曦林说:"在徐渭、八大山人等为代表的古代写意艺术达到高峰的情况下,我们今天的写意能'新'到一个什么地步? 这实在是一个重大的难题。"还有一些美术理论家认为,"写意"虽然同为情感的宣泄,但当代画家鲜有古代画家那样的平和心态。(新华社 2004 年 10月份新闻报道)

(85) 孙升模每每在正式大赛上都有惊人的表现,去年他就在世锦赛上出人意料地打入半决赛,但在其他一些公开赛上却鲜有优异成绩。(新华社2004年8月份新闻报道)

两例的预设分别是"当代画家原本应有平和心态"和"孙升模原本应有优异成绩",说话人在表达时,为了照顾到"当代画家"和"孙升模"的个人形象,减少面子上的威胁,所以采用"鲜有",比较适宜、恰当、准确。

"没有"具有[＋客观性]的语义特征,其否定是客观上的一种否定,即客观陈述否定对象不存在,没有预设的情况,且也不需要顾及维护交际顺畅、保全对方形象而留有"心里印记",其实为无标记的否定表达。如:

(86) 我们可以明确地指出,汉语的词有附加成分的存在,有元音和辅音替换的存在,有声调变化的存在,但汉语并没有词根重叠的存在。(高名凯《汉语语法论》)

(87) 汉语没有西欧语言那样完全的词形变化,即形态。(方光焘《语法论稿》)

以上两例,都是汉语语言学家基于汉语语言事实得出的符合汉语自身特点的客观总结,所以汉语是"没有词根重叠的存在、没有西欧语言那样完全的词形变化"。

3.4　语体、篇章表现分化

"鲜有"由于"鲜"自身文言语素的性质和语义积淀导致其出现的语体受到一些限制,一般大多出现在各类时事新闻报道、经济类新闻、报刊读书专栏等较为正式、书面色彩较重的语体中,一般只能在句子层面(作谓语)或者句法层面(作定语)发挥作用,不能单独用作口语中的应答语,这在我们搜集的语料中未见一例。如:

(88) 两国间贸易因中国的反日抗议而下滑,日本考虑加入泛太平洋伙伴关系协议之举进一步疏远了中国,目前双方也鲜有外交互动的平台。(2012年《环球时报》)

(89) 孙悟空、哪吒是中国神话中鲜有的形象生动的原型,曾给无数人的童年带来快乐。(新华社2003年5月份新闻报道)

(90) "我问你,你去的时候,有没有穿上件特别厚的衣服?"
"没有。"(＊鲜有)
"有没有去问他们要了把特别快的刀?"
"没有。"(＊鲜有)(古龙《七杀手》)

而"没有"语法化程度高,所受限制较少,其不仅能在句子层面和句法层面发挥作用,还能进入篇章层面,在一个话轮中可以起到除了本身表达否定义外,还起到篇章延续话轮的作用。此外,"没有"口语色彩较浓厚,可以作为口语中的应答语,书面语体也常出现。如:

(91) 我安详地说,"你呢? 吃了么?"
"没有。"
"聊了一晚上那男的也不请你吃顿饭? 真不够意思。"(王朔《给我顶住》)

(92) 韩国外交部随后证实了使馆遭袭的消息,称没有收到韩国公民在袭击事件中伤亡的报告。(新华网 2015 - 04 - 14)

(93) 目前张太侑正在和制作人员一起剪辑出版《来自星星的你》的 DVD"完整版"。该版本比电视播出版更长,当中收录了一些电视剧中没有的特别场景,预计 4 月份将正式上市销售。(新华网 2014 - 03 - 06)

例(91)"没有"可以出现在口语中,作为应答语,起到篇章延续、表达连贯顺畅的作用;例(92)与例(93)两例"没有"既可以在句子层面表达否定,也可以在句法层面表达否定,且语体都是较为正式的新闻语体。

第三章 "遑论"的连词化及其相关问题

语法化(grammaticalization)现象在一批由古代的单词演化为今天的语素方面表现比较明显,如"鲜、难、遑、罔、漠、免、缺、毋"等,句法上显著特征就是形式黏着,丧失自由性,不能单独充当谓语中心;语义表达也受到限制,本身的语义已经被融合了;语用方面表现为从表达概念功能发展到表人际功能甚至篇章功能。学界对于这类表降格否定的用法研究不多,相关研究仅有蒋华(2011)、郭中、陈昱钰(2013)、张谊生(2015a、2015b)等。鉴于此,本章以"遑论"为研究对象,从句法、语义、情态与演化模式等进行研究,最后探讨与"不论"的差异,以期学界对这类现象有所关注。

1. 句法分布与搭配共现

"不论"有二分:"不论₁"为无条件的前项关联连词,表示条件或情况不同而结果不变,后面往往有并列的词语或表示任指的疑问代词,下文多用"都、总"等副词跟它呼应;"不论₂"为动词,表示"不讨论、不辩论",如"避而不论、置之不论"等。"遑论"也有二分:"遑论₁"为动词,表示"不必论及,谈不上",书面语;"遑论₂"为递进后项连词,除了否定功能,还兼有关联功能。例如:

(1) 必须要承认的是,我国的投融资渠道仍亟待拓宽。许多嗷嗷待哺的小微企业融资无门,更难以得到风投、创投的青睐。但是对于高研发要求、高研发投入的科技企业而言,没有资金就遑论发展壮大。(中国政府网 2015 - 10 - 26)

(2) 如果这种情况的出现已非个案,证明监管失职,遑论监管层故意放纵,换取私利。(中国新闻网 2015 - 11 - 15)

"遑论₂"的这种文言否定表达法,其功能类似现代汉语口语中的话语标记"更不用说","遑论发展壮大"相当于"更不用说发展壮大","遑论监管层故意放纵,换取私利"相当于"更不用说监管层故意放纵,换取私利"。下面我们分析"遑论₂"的分布特征和共现特征。

1.1 分布特征与语表体现

"遑论₂"所在的句法环境基本为递进复句,其表示的否定都是对递进复句的后分句进行否定,具备篇章关联衔接的作用。例如:

(3) 有的甚至连"租金"都未付,遑论支付违约金或赔偿有关损失了,有的还扬言不怕告,大有毁约有理的架势。(2015 年《京郊日报》)

(4) 自子女情窦初开时起便严防死守,正常的男女交往就被家长隔离在三山五岳之外,遑论恋爱,那绝对是洪水猛兽,闻之色变。(2015 年《新民晚报》)

(5) 特别是"三资",既是农民群众关注的热点、焦点,也是乡村干部贪腐的多发领域、易发环节,理当"伸手必被捉"。否则,将难以乡村治,遑论百姓安。(2015 年《山西日报》)

上述三例,"遑论₂"所在的句法环境均在递进复句中,据统计,这种句法分布占语料 90%[①]以上,其中关联副词"更"与"遑论₂"语表共现,递进关系就更加显豁。例如:

(6) 许多华人因语言及经济等因素,成为公民的意愿低落,更遑论为参与投票而成为公民。(中国新闻网 2015 – 06 – 12)

(7) 很长一段时间里,西方发达国家和中国的香港与台湾,都不承认中国高校的毕业文凭,更遑论中国的高考成绩。(腾讯文化 2015 – 05 – 27)

关联副词"更"在递进复句中的出现会使得递进语义更加显化,"更"与"遑论₂"叠加使用使得表达效果更加明朗。

1.2 搭配对象与关联成分

"遑论"其后搭配的不同成分,体现出其语法化处于不同的阶段,其后搭配各类宾语,主要有体宾、谓宾、代词宾,为及物动词"遑论₁",其后还可以关联递进复句后分句,为递进连词"遑论₂"。

1.2.1 体宾。主要有一般名词、抽象名词、专有名词和体词性短语。"遑论₁"其后带体宾存在"谓词隐含"现象。例如:

(8) 不过他也放心了不少,教小苹跟着刚才那么大的超级巨狗一块生活,他就已经很担心了,更遑论三只一般大的狗,总有一天,她不被它们压死就

---

① 比例取自于 CCL 语料库"遑论"所有的 1023 条语料。语料集中处理时间是 2024 年 10 月 26 日。

已经是奇迹了,如今看来,他只要担心那只超级大狗就成了。(于晴《红苹果之恋》)

（9）此两种 mentalité 殊难彼此融洽交流。同为 métaphore,一经翻译,意义即已晦涩,遑论情趣。(《读书》vol - 003)

(10) 我们的报纸、刊物、书籍,在乡村发行的比例,按农村人口来计算,其平均数或许会是世界最低的;若如此,遑论"文化"? 更遑论文学? (2000 年《人民日报》)

(11) 纽约有不少车场,这些停车场亦为私人所有,如愿在那儿停车,按月交费,或按日交费,甚至按时交费。总之,有了汽车,买汽车要钱,停车子也要钱,更遑论汽车所费的汽油了。(1981 年《人民日报》)

有时宾语不是其所指,而是隐喻或转喻,表达虚拟性,如"千万只脚、钥匙"。例如:

(12) 无论禁与不禁,都要研究,都要探讨,然后为之。要注意的只是,在研究探索过程中,不要给对方"踏上一只脚",遑论"千万只脚"了。(《读书》vol - 169)

这隐含了谓词"踏上",其他的一般名词如：电影、投枪、匕首、房子、老祖宗、洋人;抽象名词：道统、尊严、心灵、底细、机会、素养、生计、自由、功德;专有名词：自由、民主、黄崖关、欧米茄、举人、魏晋、《甲寅》、《学衡》、《文心雕龙》等。

1.2.2　谓宾。主要由陈述性的谓词宾语或谓词性短语构成,与"遑论"搭配的谓词宾语动作性减弱,其不能与时体成分共现。例如:

(13) 8 年前,记者曾逡巡在沙漠 7 天,光是孤独造成的恐惧就令人不寒而栗。有了那次沙漠之旅,记者慨叹,在这样的环境,生存尚难,遑论发展。(2000 年《人民日报》)

(14) 不知从什么时候起,韦曲街头悄然出现了一种新兴的职业——人力三轮车,在县城之内拉脚载人,无论远近,遑论胖瘦,一律收费一元,当地人戏称"板的",即人力出租车。(陆步轩《屠夫看世界》)

(15) 因为历来说杜诗者多着眼于沉郁悲愁,喜乐尚且未论,遑论诙谐。(1994 年《报刊精选》)

(16) 若不能成诵,只是依稀记得某处有条什么材料,则查书抄书必费去大量时间。而且很多时候因脑无积墨,思考范围必窄,想都想不到,遑论运用。(《读书》vol - 195)

相关的谓词宾语另如：赞同、执行、告知、查询、收费、运用、尊重、扶植、发展、扩大、认同、完成、研究、兴起、夺牌、追查、建设、交谈、践履、投入、揭示、探讨等。

1.2.3 代词宾。主要指像"其他、其余"等旁指代词充当的宾语。代词宾语所占体量在"遑论₁"所带宾语中,比重较少,仅占 4.5%。例如:

(17) 检查古之《康熙字典》,今之《辞源》修订本,皆属"支部"一部之内;正如他们老哥儿仨同出一个"贾氏之门"。正所谓假门假氏,一窑假货色,分他不清。并那块视为命根子的宝玉也是假的,遑论其余!(《读书》vol - 154)

(18) 《纪事》一编二十二卷,既无人名、别号、室名、篇名等各类索引,亦不备列引用书目,甚且总目也无。乃依朝代而分列目录,人则依科名先后第次。即熟谙有清一代近三百年史事者,怕亦未必熟记此编所收五千余人之科第年代,遑论其他。(《读书》vol - 157)

1.2.4 关联分句。由动词语法化为递进连词的"遑论₂",常位于递进复句后分句的前项位置,表达前后两个分句之间的逻辑语义关系。例如:

(19) 中国北斗导航低端芯片技术已接近发达国家水平,但高性能测绘级卫星导航芯片技术还控制在国外公司手里。而彼时才上大一的曹鼎,只上过一些相关专业理论课,遑论动手研发芯片了。(2015 年《中国青年报》)

(20) GDP 数据仍未反映中国引发市场波动的影响,加上内地经济体系庞大,对全球举足轻重,更是不少美企的重要市场,遑论避险情绪高涨也会大幅推升美元汇率。(新浪财经 2015 - 08 - 31)

1.3 连用叠加与配合使用

"遑论"在使用时,和关联副词"更"组成优势搭配以及后接成分转为句子成分,这是导致"遑论"日后逐渐语法化为递进后项连词(下文分析)的重要原因,据统计,这种句法上的连用共现比例达到了 34.5%。例如:

(21) 有位家长一味放纵孩子,一次因未给孩子买衣服,孩子竟把母亲毒死。这种畸形发展的病态儿,是很难在社会中求得生存和发展的,更遑论应付未来的挑战了。(1994 年《报刊精选》)

(22) 目前国内还没有一家专业的哑剧剧团,也没有一所艺术院校的表演系设有哑剧专业,更遑论专门的哑剧学校了。而在国外,哑剧人才的培养是很普及的。(1994 年《报刊精选》)

(23) 今天香港也还没有一家专业公司可以独立承包整个会展中心展场搭架

的工程,更遑论新馆落成后更大型的国际展览。(1994 年《报刊精选》)

(24) 按照陕西人的习惯,辛苦了一年,到了春节,是享受收获喜悦的时候,又不是穷得揭不开锅,很少有人这时出门打工,因而肉店的雇员出奇的难找,更遑论承包经营了。(陆步轩《屠夫看世界》)

上述例句中,"遑论"有的句法表层是带体宾,其实是隐含了相关的谓词。有时句法上"更"虽没有出现,但递进的语义仍然存在,当然补充出来就会更加显豁。这说明"更"出现在递进复句的句法环境中是可有的,并不是必有的。例如:

(25) 如果是图财,熟悉这里情况的歹徒他们不太敢来,不熟悉情况的歹徒他连袁三大住哪间房都不知道,[更]遑论抢劫杀人。看起来,作案的歹徒对三新公司情况是一知半解。(1994 年《报刊精选》)

(26) 但万达原有的项目开发模式显然无法适应目前的互联网时代,[更]遑论顺应未来的发展趋势,可以说挑战很大、成长性明显不足。(红网 2016 - 01 - 29)

(27) 连陈天桥的盛大都觉得微软的软件卖得太贵,[更]遑论那些不赚钱的小企业,一般个人即使有心也无力。(侯继勇《打工皇帝唐骏》)

(28) 黄颢告诉记者,在西藏实行民主改革之前,占西藏人口 95% 的广大农奴和奴隶连基本的生存权都无法保证,[更]遑论享受文化的权利。(2000 年《人民日报》)

"遑论"除与"更"在递进复句的后项分句中叠加使用外,其前项分句还出现一些特殊的标记,如焦点标记词"连",或者是连词"尚且、尤其"等与"遑论"所在的后项分句配合使用。例如:

(29) 我们对本民族学术文化体认的深度,决定我们对西方学术文化理解的深度。一个连本民族的优秀文化也不能继承的民族,更遑论学习和借鉴其他民族的文化成果!(1994 年《人民日报》)

(30) 中国历史上有过皇上对大臣施廷杖的事,无论是多大的官,一言不合,就可能受到如此当众羞辱,高官尚且如此,遑论百姓。(王小波《个人尊严》)

(31) 在找到这个替代国前,连商务部和国际贸易委员会也不知什么是"公平价格",遑论中国出口企业。(1994 年《报刊精选》)

(32) 这几位世人皆知的伟人尚且如此,遑论我们这些凡人。因此,一位管理者如果不能发掘人的长处,从而设法使其长处发挥作用,那么他就只有

受到人之弱点、人之短处、人之过失和人对有效性的阻碍所产生之影响。(《读者》(合订本))

这种"连……,(更)遑论、……尚且……,遑论"等复句形式,从表达功能上看,这种前后的搭配使用有一定的理据,"连"是一个前附性的话题标记,它所带的成分就是话题焦点,有明显的对比性(刘丹青、徐烈炯,1998),其后可以接递进性对比项与之呼应;"尚且"用在前一分句,提出明显的事例作比较,后一分句用"更、当然"等副词配合,推出结论,表示当然如此。

2. 语义表现与情态特征

本小节主要论述"遑论"的语义表现及情态特征。"遑"用于反问句中的动词之前,义为"哪里、怎么",本身属于语用层面的否定语素,"遑论"语义为"不必论及,谈不上",也是经反问表达否定的,这就决定了其语义及情态特征有其个性特点。

2.1 语用否定与递进性

"遑论"属于黏着的降格否定,其否定属于语用否定,不同于一般否定发生在句法层面,"遑论"的否定功能总是发生在递进复句中,其总是对递进复句的后分句进行否定。例如:

(33) 衡量历史发展,欧洲几个最大的难民收容国均是区内的经济支柱,遑论受到经济上的长远冲击。(中国新闻网 2015 - 10 - 15)

(34) 超级游艇在过去的岸展中几乎没有出现过,遑论将超级游艇的历史、文化和品牌内涵完整地呈现在大众面前。(2015 年《齐鲁晚报》)

(35) 若两岸之间没有"九二共识",或两岸任何一方不接受"九二共识",两岸就不可能持续和平交流,遑论两岸领导人会面。(中国新闻网 2015 - 11 - 09)

(36) 无论欧亚,谁都知道古建筑是最怕光的侵蚀的,欧洲的古堡古宫,我国的一些古建筑古壁画,连照相机的闪光灯光都不允许,遑论装什么霓虹灯了。(1997 年《作家文摘》)

上述四例中,"遑论"都是对递进复句后分句进行否定,由于递进复句特定的语义关系,前后分句就深层语义关系看,前项分句的语义量级低于后项分句,其前项与后项是一种不对称的语义关系,所以"遑论"常常否定往大里说。例如:

(37) 惜乎天公不作美,云雾蔽天,月亮且看不见,遑论木星! 好在人们看见了

天文台,这个天文台就在我们南京。(1995 年《人民日报》)

(38) 我对于生意是外行。不过偶尔翻翻松下、IBM、包玉刚或联想的创业史,并非"玩"字所能概括。我认识的企业家不多,一个个操心有余,睡觉都不踏实,遑论"玩生意"?(1996 年《人民日报》)

(39) 要做学问,心无旁骛耐得寂寞精益求精方成大家。胡乱熬锅"鸡皮汤"叫卖,让人看着都会起身鸡皮疙瘩,遑论有益人之功?(1996 年《人民日报》)

(40) 王先生连秀才都不是,遑论举人,没有练习受白折子之可能。可见得书法写到炉火纯青地步,区区白折子,也就不足为奇了。(《读书》vol‐182)

前后项的语义量级表现为很多方面。"木星"就距离来说要远于"月亮","玩生意"在所花费的时间、精力等方面要高于"睡觉","有益人之功"就效果来说要强于"起身鸡皮疙瘩","举人"在社会身份上也高于"秀才"。"遑论"否定这些高量级,意为低量级的都不怎么样,更不用说高量级的了。除"遑论"外,还形成"遑 X"词族,如"遑提、遑言、遑称、遑谈"等,"X"的语义特征均为[＋言说义]的动词或动素。这类"遑 X"不但在语义表现上具有相似性,而且在表达上也基本一致,一般都必用在递进复句的后分句,前面大多还有关联副词"更"。例如:

(41) 对于位高权重的 IMF 总裁宝座,西方自不会轻易地拱手让出,更遑提将其送到中国人手中。(光明网 2011‐05‐29)

(42) 因为人总是聚群而居,单个的人在大自然里是异常渺小的,脆弱的,极难生存的,更遑言发展。(内蒙古新闻网 2010‐12‐30)

(43) 相形之下,我国知识分子对"全球化"的跨国资本主义本质仍缺乏足够的认识,更遑称警惕。(2012 年《文汇报》)

(44) 时至今日,单纯依靠售卖手机甚至连维持都成问题,更遑谈发展,手机经销商赚的并不是卖手机的钱。(2002 年《海口晚报》)

2.2 概念功能到篇章功能

"遑论"在现代汉语中还保留少量动词用法,有时仍作谓语,表达否定的语用义,此时其不具备篇章功能。例如:

(45) 我国的投融资渠道仍亟待拓宽。许多嗷嗷待哺的小微企业融资无门,更难以得到风投、创投的青睐。但是对于高研发要求、高研发投入的科技企业而言,没有资金就遑论(≈不论)发展壮大。(中国政府网 2015‐10‐26)

(46) 更何况这还不是个例,就连经由上市公司担保的债权都无法得到履约保障,就遑论(≈不论)其他个别诉讼请求了。(2016 年《证券市场周刊》)

例(45)与例(46)"遑论"仅为表达否定的概念功能,语义上可以直接替换为"不论$_2$",各小句之间也没有篇章中递进、转折等语义关系,"遑论"也没有篇章功能。而"遑论"出现的句法环境的改变,使其除了表达否定的概念功能之外,还具备了一定的篇章衔接作用,连接前后两个分句。例如:

(47) 精确数字一直付之阙如,而各种统计又莫衷一是,倘若连底数都摸不清,那就谈不上摸清情况、给予关爱,遑论在此基础上的精准帮扶、因人施策。(人民网 2016‑03‑28)

(48) 韩贞这套说教,连对黑暗社会现象发些牢骚也都不允许,遑论反抗现实,改造世界?(《读书》vol‑081)

(49) 好人未必就能当好官,然而好官却首先必须是好人。好人与好官,层次虽然不同,但是"皮之不存,毛将焉附?"倘若连人都没有做好,遑论做好官?(1998 年《人民日报》)

(50) 对于加拿大的英语文学,国人所知者甚少,遑论它的法语文学了。最近几年,对于加拿大的英语文学研究者颇不乏人,有成就的如李文俊、屠珍诸君,但究竟尚属少数。(《读书》vol‑138)

例(47)与例(48)前后分句形成递进关系,"遑论"除了表达递进关系外,也附带兼具一定的篇章功能;例(49)与例(50)原本句法上也应出现关联副词"更",因"遑论"吸收了递进语义,具备了十足的篇章功能,其评价命题论点、组织会话话论等元语功能的用法也得以体现。所谓"篇章功能",是指人们在使用语言的过程中,借助语言形式表达一个完整的思想,并将信息组织成语篇,表明信息之间的关系、信息的传递与发话者所处的交际之间的关系等。

2.3 叠加现象与羡余化

"遑论"在发展过程中,出现了"别遑论、不敢遑论"等的叠加现象,这种现象的产生与"遑"的否定语义日益磨损含糊和强化表达有关。例如:

(51) 中国的有些概念,含义实在含糊得很,有时连我们自己都难说清楚,遑论洋人。(《读书》vol‑168)

(52) 我们中国人对于西方历史,基本概念就是稀里糊涂的,而且我们中华民族是个最不喜欢读书的民族,更遑论研读西方历史了。(网络语料

2015 - 11 - 29)

(53) 在中国大陆版图内,也经常出现投诉无门、不同地区有关行政部门相互
推诿的情况。在中国大陆就已如此,就更别遑论全球范围内的管辖权
属冲突了。(谭春辉、王战平《我国网络消费者权利救济制度及其完善
研究》)

"遑"在功能上逐渐定位而黏着,发展为语素,其否定语义在上古逐渐形成,发
展到现在已经逐渐淡化以致现在看来很难联想其还具有否定功能,如果不求甚解,
就会出现"遑论"表达肯定义的用法,相当于"谈论"。例如:

(54) 像卡尔维诺这样经典的严肃作家,多么睿智、多么复杂、又多么精致,他
们穷其一生也不敢遑论已读懂卡尔维诺,而眼下,却"沦为"小资与白领
们的闲谈之资,他们哪里能读懂卡尔维诺!(2015 年《新京报》)

(55) 它的改善主要是地理学、地质学、气候学、生态学们的"势力范围",笔
者不敢遑论。(中国产经新闻 2006 - 05 - 15)

"不敢遑论"与"别遑论"等这种句法上的否定叠加形式,这很可能是一种言语
思维重复浮现(emerge)的流露。就表达效果来看,这种高度羡余的双层叠加式,确
实给人以一定程度的累赘感,但客观上无疑起到了凸显表达效果的强化作用。
再如:

(56) 但临阵换帅,军心易动,此乃兵家大忌。何况,以目前中国男足的实力,
根本没有稳胜对手的绝对实力,更别遑论稳获小组出线权了。(金羊网
2011 - 08 - 15)

(57) 深圳的每一座高楼大厦下都有这些人的汗水,深圳排名全国第一的出口
商品都是这些人铸造……排斥了这些人,深圳连基本的物质基础都没有,
更别遑论什么现代化。(2004 年《新京报》)

与语素"遑"相似,同为降格否定语素"鲜"在使用中也出现叠加现象。例如:

(58) 后市黄金的走向,除了依照美国经济数据行事,鲜未露面的欧债危机也
是参考因素。(汇金网 2013 - 06 - 20)

(59) 通过超女舞台走红后,三人鲜少同台,经过多年的打拼,她们都在乐坛取
得不俗的成绩。(新浪娱乐 2016 - 01 - 01)

总而言之,上述叠加现象,语义上存在某些差异,但叠加成分均为羡余成分。
但就表达效果而言,无疑不起到强化凸显作用。

2.4 否定高量的量级特征

"遑论"其具有否定往大里说这种语义特点,在递进复句的句法环境中可以引进跟语境相关的语用量级标尺(袁毓林,2008),标示其前后分句在语义量级上为不对称的失衡的语义关系(如图3所示),其后分句在语义量级特征上是要高于前分句的。"遑论"引进的这个量级上的高量成分在信息功能上是焦点信息,是预期中很难实现、发生的。例如:

(60) 东京当然也关注,这关系到它在地缘政治上的利益,只是碍于自身实力,它连近日宣称的钓鱼岛"新方针"也只能用来安慰国内民众,遑论还想进取台湾。(新浪专栏 2016 - 01 - 20)

(61) 与此相关联的更深层的主导思想是始终把知识分子看作仅仅是拥有"一技之长"的工具。不能起到立竿见影的实用效果的知识和学问自难得到理解和承认,遑论尊重和扶植!(《读书》vol - 190)

(62) 一个人的出生日期是一个无关紧要的概念,不需要去记住它,遑论去纪念它。(2015 年《北京青年报》)

递进复句本身所蕴含的语义量级会使得原本存在语义强度差异的成分形成前轻后重的语义不对称。例(60)相较于"只能用来安慰国内民众",后分句"进取台湾"揭示的语义程度要高于前分句;例(61)知识和学问得不到理解和承认,尊重和扶植也就无从谈起;例(62)"纪念它"相较于"记住它"语义更加深刻。概括来说,上述三例语义量级表现为:

安慰国内民众 ＜ 进取台湾

理解和承认 ＜ 尊重和扶植

记住它 ＜ 纪念它

在递进复句中,"遑论"的否定激活一个集合,即容易的、简单的、低量级的都不可能发生,对于困难的、复杂的、高量级的就更难成立了。"遑论"除了后接一些语义强度上具有差异、不对等的成分,其后接名词(有的为专有名词),在递进复句的语境中,也可以临时激活起一个语义量级。例如:

(63) 连大的地名都改得如此容易,遑论一个小村庄、街巷、小区名。(2016 年《华商报》)

(64) 战乱频仍,俄殍遍野,正常生计都无法保证,遑论比较文学。(《读书》vol - 143)

(65) 十载经营,十载生聚,文化田畴方始回黄转绿,然而曾几何时,印刷垃圾竟沸沸扬扬铺天盖地,迫压之下,遑论学术著作,道地的艺文类书籍也眼见"相去日以远,衣带日以缓"。(《读书》vol‑142)

(66) 一部三大卷介绍五四时期期刊的书可以收入浙江某县中学几个学生办的只出了两三期的刊物,却没有关于《东方杂志》的片言只字,遑论《学衡》或《甲寅》。(《读书》vol‑176)

表示客观概念的名词,尤其是专有名词,一般没有量级差别,但在递进复句中会临时激活、显化其内部的量级差异。上述四例,语义量级差异表现为:

> 大的地名　　＜ 一个小村庄、街巷、小区名
> 正常生计　　＜ 比较文学
> 印刷垃圾　　＜ 学术著作
> 《东方杂志》＜《学衡》或《甲寅》

"一个小村庄、街巷、小区名、比较文学、学术著作、《学衡》或《甲寅》"在语义量级上要高于"大的地名、正常生计、印刷垃圾、《东方杂志》"。"遑论"的否定高量特征在于前分句低量级的成立与否是后分句高量级成立的前提条件,其前后分句的量级模型如图显示:

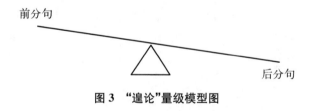

图 3　"遑论"量级模型图

3. "遑论"的语法化与连词化

着眼于现代汉语降格否定,由于某些语素已经降格而语素化、黏着化,各自具有不同的发展路径,大部分成为词内成分,活跃在词法、句法层面,如"鲜为人知、获益匪浅、考虑欠周、闲人免进";也有少数进入篇章层面,如"遑论、漫说、讵料、难以"。而"遑论"在语用推理、语境吸收(absorption of context)以及紧邻语境等语法化机制的影响下,逐渐从动词语法化为递进连词,从概念功能发展到篇章功能,兼有篇章衔接功能。

3.1　词汇语法化

"遑论"在现代汉语中位于递进复句中,否定后项分句,相当于"更不用说"。这种共时层面的句法表现归因于其历时层面的继承和发展,确切地说,语素"遑"的语义发展以及篇章表现直接影响"遑论"否定义的形成及其所处的篇章环境。"遑"的义项在古代汉语中主要有:

a. 闲暇;余裕。常与否定词"不、未"组合在一起用于动词前,表示没有空闲去做某事。例如:

(67) 夙夜征行,不遑启处,犹惧无及。(《国语·晋语四》)

(68) 及孝惠享国日少,吕后女主,孝文、孝景因袭掌故,未遑讲试,虽父子畴官世世相传,其精微深妙多所遗失。(《史记·龟策列传》)

b. 用于反问句中的动词之前,表示没有空闲去做某事。例如:

(69) 尔之安行,亦不遑舍。尔之亟行,遑脂尔车?(《诗经·小雅·何人斯》)

(70) 吾明年百岁矣,从未婚娶,自道将死,遑有他想?(袁枚《新齐谐·百四十村》)

c. 急迫;匆促不安。例如:

(71) 长吏畏罪,昼夜催民,委舍佃事,遑赴会日,定送到都。(《三国志·吴志·华核传》)

d. 通"惶"。恐慌;惊惧。例如:

(72) 时京师讹言贼众东方来,百姓奔走,转相惊动,诸郡遑急,各以状闻。(《后汉书·马严传》)

(73) 立斋先生始患隔食,继复呕血,红黑相间,举家遑如也。(刘献廷《广阳杂记》)

我们发现,在上述四条义项中,与否定义形成密切相关的就是 b,即语素"遑"表否定义是由于其处在反问句中,反问句的语用含义是言论或行为的不合理,核心语用功能是否定(胡德明,2010)。"遑"用于反问句中的动词之前,意为"哪里有空闲去做某事",经语用推理得出特殊隐涵义,说话人预设自己原本有空闲做某事,实际情况是"没有空闲",由于带"遑"的反问句十分常用,这种由反问句形成的语用否定义被"遑"吸收。我们还发现,"遑"除了表达否定义之外,在上古就出现了在递进复句中的用例,具有一定的篇章关联功能。例如:

(74) 我躬不阅,遑恤我后?(《诗·小雅·小弁》)

(75) 至于布衣危言,婴鳞触讳,志在卫国,遑恤厥躬,及夫乡曲之英,方外之杰,贾勇蹈义,厥死惟钧。(《宋史·忠义列传》)

这种历时层面具有递进性的前后分句,其特定的句法位置和语义分布就塑造了"遑论"如今的句法表现及语义模式,这是语言发展对历时的继承与延续。"遑论"最早的句法组合见于清代,意为"没有时间谈论/论及",为连动结构,汉语中两个或几个谓词性成分不可能长期共存,必有一个谓词性成分成为语义重心,其余谓词性成分成为语义背景,结构关系由连动发展到状中,使得"遑论"结合的紧密度增强,语义融合度变高,也延续"遑"出现的句法环境,出现在递进复句后分句前项的句法位置。例如:

(76) 并历举垂杨、白芋、于飞乐、山亭宴中脱落字句,谓其句谓未审,遑论音律。(丁绍仪《听秋声馆词话》)

(77) 其余则或可歌,或不可歌,不过按调填词,于四声不尽谐协,遑论九宫。(江顺诒《词学集成》)

同样,与"遑"相似,助动词"敢"在语法化过程中也经历了相似的演变,"敢"原来表示"胆敢、敢于"的意思。例如:

(78) 孙文子自是不敢舍其重器于卫,尽置诸戚,而甚善晋大夫。(《左传·成公》)

(79) 臣闻汲黯在朝,淮南不敢谋叛;干木处魏,诸侯不敢加兵。(《旧唐书·裴度传》)

当"敢、遑"用于反问句时,与疑问代词"何、岂、奚、焉"等搭配,经推理具有否定句式义,由于带"敢、遑"的反问句十分常用,久而久之,这种句式义也就被"敢、遑"吸收了,成了各自的义项,张谊生(2000)和刘丞(2014b)都有讨论。例如:

(80) 但求船渡,何敢望餐!(《敦煌变文集·卷五》)

(81) 且趣当生,奚遑死后?(《列子·杨朱篇》)

语境吸收完成后,其不与疑问代词搭配也能表达否定义。例如:

(82) 若归阿疏,敢不听命。(《辽史·耶律阿息保传》)

(83) 今幸水居一赦还,为怜为才貌,适欲坦臣子于东床,两有同心,因而结缡,此两父母之正命也,遑恤其他?(《好逑传·察出隐情方表人情真义侠》)

3.2 句中关联化

伯格兰德(De Beaugrande)和德莱斯勒(Dressler)(1981)提出篇章的七要素,

首推衔接①。所谓"衔接",指的是形式联系,是"表层篇章"成分之间有顺序的相互联系的方法,他们所说的这种表层篇章,其实就是我们所见到的和听到的实际的词语。表层篇章是由表层成分组成,而表层成分又是遵循语法形式和约定俗成的方法,相互依存。语素"遑"在上古汉语中已经可以出现在具有递进语义的篇章中,初步具备了衔接功能,发展到现在,其自身变得黏着,降级为语素,必须与其他动词共现,如"恤、知、言、论"等,而其句法环境并没有大的改变。"遑论"所在的句法环境,句法上其总是位于后项分句的前端,前项分句和后项分句产生的递进语义由"遑论"来承接,这种关联衔接功能逐渐变得不可替代。例如:

(84) 可见内地省份很多人从来没见过自行车,遑论购买。(2015 年《羊城晚报》)

(85) 如果送温暖的人言语姿态高高在上,服饰通身名牌光鲜照人,这样会让群众感到生分,遑论感受温暖?(2012 年《深圳特区报》)

(86) 在这以前,不存在任何冲突,因为根本就没有全球的联系,遑论全球统一。(斯塔夫里阿诺斯《全球通史》)

(87) 王伯昭当年小小的数瓢美国冷水尚说起来辛酸无限,遑论其他志在处处却每每不得之士。(《读者》合订本)

上述四例,"遑论"除了表达否定义,其表达关联化的衔接功能也进一步得到体现。所谓衔接关系,就是指语篇中一个成分的含义依赖于另一个成分的解释,"遑论"在递进复句的语境中,前后分句的紧密关系使其关联功能强化,逐渐发展出篇章衔接的元语用功能。"购买""感受温暖""全球统一""其他志在处处却每每不得之士"比"见过""感到生分""没有全球的联系""王伯昭"语义上更进一步,句法上都是通过"遑论"衔接明示的。一旦前后分句之间隐含的递进关系被显化(protruding),并且被"遑论"所吸收(absorb),那么,"遑论"的关联功能就开始逐渐形成了。再如:

(88) 作为生活在莫斯科的外国人,笔者肯定早已饿成了照片,力不可支,自救不暇,遑论有闲情写"镜鉴"了。(人民网 2015 - 02 - 16)

(89) 韩国平昌将于 2018 年举办冬奥会,日本东京将于 2020 年举办夏奥会。……,这似乎完全不可想象,遑论北京刚在 2008 年举办过夏奥会,且并非举办冬奥会的"典型"城市。(2015 年《环球时报》)

(90) 任何一个时代都没有像我们今日头版漫画表达的这般多姿多彩,每个人

---

① 伯格兰德和德莱斯勒(1981)提出篇章的七要素:衔接(Cohesion)、连贯(Coherence)、目的性(Intentionality)、可接受性(Acceptability)、信息性(Informativeness)、情景性(Situationality)、互文(Intertextuality)。具体参看徐赳赳(2010)。

都可以更自由地选择自己的生活,遑论是选择纸质阅读还是电子阅读。(2016 年《新闻晨报》)

这种被显化的递进关系被"遑论"吸收后,其主要的句法功能主要就是用来表达递进衔接的,变得越来越重要。

3.3   连词化

"遑论"出现的篇章环境使其具备了关联功能,进而为其进一步发展为递进连词提供了重要条件。在"遑论"连词化的过程中,大致有句法和语义三个方面的动因(cause)。首先,句法分布。"遑论"位于递进复句后分句的前端,在前后两个分句之间架起"语义桥梁",否则其篇章义无法显现。试比较:

(91) 基督教界的学术研究尚远不及我国佛教学界的学术研究。其中原因何在,笔者未曾探究,不敢遑论。(《读书》二十周年合集)

(92) 这种拉锯的波动表明市场依旧在寻找适合的位置,如若没有重大政策的刺激,大的反弹行情将是很小概率的事件,反转更无需遑论。(证券时报网 2011 - 08 - 27)

(93) 在论著中引用纳什最多的对策论专家夏皮利说,这使大家都非常沮丧,你根本无法跟纳什谈话,遑论了解他的思维。(《读书》vol - 195)

例(91)与例(92)"遑论"由语境可知"遑论"的否定义消失转为表肯定的动词,因为可以接受"不"的否定,这可能是"遑"的否定义弱化导致的。例(93)"遑论"处于递进复句的后分句中,除了专职表达否定,还具备衔接功能,其表达功能类似于话语标记"更不用说/讲"。例如:

(94) 五四人的心态、思想交换及其时代关怀,对我们本已陌生。如不了解对其影响甚大的人物的思想言论,实际上很难了解五四人,遑论研究。(《读书》vol - 177)

(95) 李桂芬说,她还在广西师范大学读书时,就听老师提起过这个稀有物种,并称在玉林见过,但国内一些研究两栖动物的老专家都没有亲眼见过,更不用说研究了。(玉林新闻网 2010 - 9 - 14)

其次,语义不对等。前后分句在语义上存在不对称状态,后分句语义较前分句更进一步,"遑论"与后续句紧邻共现,进而通过语境吸收篇章递进义,"遑论"就逐渐发展出了连词的功能,其后可接句子成分。例如:

(96) 原本设计时速可达 350 公里的部分动车组,不得不降速至 300 公里以

下,遑论"走出去"。(2015 年《时代周报》)

(97) 对日本情况的深入分析表明,该国经济增长是否一直低于合理速度尚不清楚,遑论通货紧缩是否妨碍了增长。(当代金融家 2015 - 09 - 29)

(98) 在对方实施积极逼抢,郑智遭到"封锁"的情况下,中国队连球权都不能掌控,遑论组织起有效的进攻。(2015 年《扬子晚报》)

例(96)"'走出去'"语义上高于"降速至 300 公里以下";例(97)与例(98)也是前后语义存在递进关系,"是否妨碍了增长、组织起有效的进攻"语义上都比"尚不清楚、球权都不能掌控"更深一层。"遑论"处在递进复句的紧邻语境中,通过语境吸收使得篇章义逐渐固化,关联义逐渐显化,进而发展为递进连词,这也符合联系项居中原则。

最后,"遑论"在向连词发展的过程中,一些相关因素,也起到了一定的促进作用。"遑论"在使用时,与关联副词"更"高频共现,这从侧面说明"遑论"的连词化已经开始,当"更"不出现时,"遑论"可以单独表示递进关系。例如:

(99) 对于这类兼类词,⋯⋯,但各家都没有对其兼类状况作过详细的讨论,更遑论对这些兼类词的功能发展做出统计分析了。(张谊生、杨一飞《副、区兼类词的句法分布及功能发展》,《周口师范学院学报》2006 年第 6 期)

(100) 且不说给农村土地制度划定的"三条底线",光是构建公共文化服务体系,就足以改变我们的生活,遑论最高人民法院设立巡回法庭了。(新闻专栏 2014 - 12 - 04)

张谊生(2009)在论证"用来"发展为目的连词时,就提到与目的连词"以"并列连用,受到其语义感染,"用来"逐渐取代了"以"的关联性①。词汇功能的语法化离不开其所处的句法环境或者篇章环境。综上所述,"遑论"位于特定的篇章中,具有了关联衔接功能,除了本身具有的降格否定义,还进一步发展出了递进连词的用法,这与句法、语义以及一些相关因素有很大关系。句法上,"遑论"位于递进复句后分句前端,在前后两个分句之间架起"语义桥梁",使得衔接功能显化;语义上,递进复句特殊的语义分布使得后项分句在语义上比前项分句更深刻,"遑论"与后项分句处在紧邻的句法环境中,这种临界环境(critical context)容易发生语境吸收;最后,与"更"搭配的高频使用使得"遑论"发展为递进连词更为显豁。因而,现代汉语中"遑论"在动词的用法的基础上,还发展出了递进连词的用法,这符合语法化发展的一般规律。

---

① 参看张谊生(2009)《介词悬空与"用来"和"拿来"的词汇化与关联化》,《语法研究与探索》(十五),北京:商务印书馆。

4. "遑论"与"不论"对比分析

"遑论"与"不论"语义相近,均表达"不必论及,谈不上",二者在表达概念功能时语义相近、功能相仿,可以互换。例如:

(101) 水皮不知道现在的商务通,但是却知道早先的商务通,更知道如果没有这一条广告就没有商务通的崛起,更遑论成功。(人民网 2004 - 05 - 10)

(102) 我不愿意做过多的手脚来修饰我的画,也没有完成和结束,更不论成功和失败,绘画就是绘画,画成什么样就是什么样。(新浪博客 2011 - 10 - 30)

虽然"遑论"与"不论"语法化的方向不同,篇章功能也迥异,"遑论"语法化为递进后项连词,而"不论"语法化为无条件的前项连词,但是二者在表达否定义的概念功能上是相近的。此外,两者在语体方面也表现一致性,大多出现在新闻报道、期刊论文、文学作品等较为正式的书面语体中,口语中很少使用。例如:

(103) 虽然黄老师举全家之力,自建学校,可敬可佩,……,是否符合《农村普通中小学校建设标准》也不得而知,更遑论课程和师资建设。(2015 年《中国教育报》)

(104) 来自西班牙的安吉塔说:"西班牙人崇尚自由民主。在说世界语的世界里,人们不分种族,更不论高低贵贱,信仰自由、平等和博爱。"(新华网 2004 - 07 - 26)

但是,"遑论"与"不论"在个性特征上也各有其表现,主要表现为以下几点:句法分布相异、否定方式不同、情态传达分化、关联功能迥异。

4.1　句法分布相异

"不论"句法上具有较高的自足度,表现多样,既可以充当光杆谓语,也可以与所带宾语单独成句,完句能力较强。例如:

(105) 音响方面的分析暂时不论,从声音的产生方面分析,音质之所以不同,大体上由三方面的原因造成。(叶蜚声,徐通锵《语言学纲要》第三章)
　　　→就音响方面的分析,(我们)暂时不论。

(106) 标准高低暂且不论,毕竟只是权宜之计,其他受害者和以后的受害者呢?(1994 年《报刊精选》)
　　　→就标准高低,(我们)暂且不论。

(107) 我平生重义轻财,守信用、重友情,结交朋友不讲富贵贫贱,不论地位高低,有恩必报,记恩不记怨。(1994 年《报刊精选》)

(108) 下班后患者上门求医,人不分亲疏,家不论贫富,他一概拒收钱物。(1994 年《报刊精选》)

"不论"句法表层充当光杆谓语,就功能来讲,并不是主谓结构,其是有特定的语用性质的,"不论"前成分与"不论"是话题和述题的关系,"不论"是述题成分,其前成分并非主语而是话题(topic),只不过句法层面的主语和显性的话题标记被隐含了。我们可以补充出前置性话题标记"就"和句法主语来显示话题,现代汉语中的"就"常出现在句首,具有引入话题和标记话题的功能。上述例(105)、(106)分别为"就音响方面的分析,(我们)暂时不论"、"就标准高低,(我们)暂且不论",这种结构的话题属性显示了汉语语法理论学界形成的基本共识:汉语是一种话题优先的语言。刘丹青(2012)考察汉语的显赫范畴,提出包括话题结构在内以及词类中的动词、量词,短语中的连动结构,复句中的主次复句等都可以归入汉语的显赫范畴。

此外,"不论"还可以进入句法层面,充当句法内定语,也可以进入"是……的"强调框架结构中,甚至还能形成"X$_双$不论"的构式化分布,如"置之不论、存而不论、生死不论、是非不论、一概不论"等。请看例句:

(109) 今日地理学家已置诸不论之列,而中国言地理者,……,且信全国诸山出于昆仑山脉之说,不太缺乏现代地质常识欤?(新浪博客 2012 - 05 - 07)

(110) 甲午战争未起以前及既起以后,李鸿章用各种外交方法,想得西洋各国的援助,但都失败了。国际的关系,不比私人间的关系,是不讲理、不论情的。(蒋廷黻《中国近代史》)

(111) 假使这种东西可以被当作个别的、极端的现象存而不论的话,巴黎有众多的"文学作坊"这一事实却是不可否认、也不可小视的。(《〈批评生理学〉:大师的批评》《读书》二十周年合集)

"遑论"的句法分布不像"不论"那样丰富多样,其分布较为狭窄,一般多见于递进复句中,而且"遑论"的自足度也不如"不论"高,其多以后续句出现,必须与前项分句相互搭配,才能完句。请看例句:

(112) "黑车"大量存在,还在个别区域集中出现,反映出来的恰恰是现有运力的不足,远不能满足居民的出行需要,遑论面向不同人群提供差异化服务。(2015 年《齐鲁晚报》)

(113) 即使类似广佛同城化的制度框架,在实行了一段时间之后也出现后劲不足的情形,遑论要求珠海、广州和深圳三个城市在自贸区的框架下实现经济整合与融合。(中国新闻周刊 2014 - 11 - 28)

上述二例,"遑论"所在分句必须与递进前分句共同出现,配合使用。单独只出现"遑论"所在分句是不自足、不完句的。

4.2　否定方式不同

"不"是现代汉语中较为典型的否定副词,"不论"属于词根式的语素否定,其否定为语义否定,其否定的宾语如果不止一项,而是两项甚至多项并列,宾语在否定的语义特征上表现为[＋同质性],即两项或者多项之间没有否定强度的轻重之别,也不存在否定焦点的有无之争,即"不论"的否定是将两项或者多项宾语以"打包"(packaging)的方式一起否定,不分主次先后。例如:

> (114) 练功者不论贫贱、强弱,不分男女老幼,不论文化、信仰、职业、语言、地区等条件的限制。(1994 年《报刊精选》)
>
> (115) 七是用人方面,"疑人不用,用人不疑",用人只看有无经营才能,能否为企业创造效益,而不论其年龄、学历、专业、中外。(1994 年《报刊精选》)
>
> (116) 诺贝尔奖金对全世界所有的人开放,不论其国籍、种族、宗教信仰或意识形态。(《中国儿童百科全书》编委会《中国儿童百科全书》)

上述三例,"不论"否定的多项宾语之间没有否定强度的轻重之别,也不存在否定焦点的有无之争,多项宾语是一起被否定的。而"遑论"由于其处于递进复句的后分句中,这种特殊的句法-语义环境使得"遑论"的否定表现为否定往大里说,后分句否定的内容是焦点所在,在语义特征上表现为[＋递进性]。例如:

> (117) 此前南昌办养犬证的费用除了用于疫苗接种的费用和狗证本身的制作成本以外,其他用途大家都不知道,更遑论养犬人期待的其他服务和管理。(2015 年《江南都市报》)
>
> (118) 如果在市中心区域,总价在 600 万～800 万元不等,即使对于收入较高的家庭来说,购买这样一套住房,压力也不小,遑论普通工薪家庭。(2015 年《理财周刊》)
>
> (119) 我国乡镇中心校以上的学校平均每个学校只有 0.7 个体育老师,体育老师都严重不足,遑论足球老师? (中国军网 2015 - 04 - 03)

"遑论"不会存在两项或者多项宾语以"打包"(packaging)的方式进行否定的情况,其主要就是否定递进复句的后分句。上述两句,分别否定了"其他服务和管理、普通工薪家庭、足球老师"在语义量级上较高的后分句,否定的程度比前分句更高。

4.3 情态传达分化

"不论"以表达概念功能为主,其常常出现在如新闻报道、规章制度、商业报刊、期刊论文等较为正式的语体中,用来否定客观上的某种条件或标准,其情态表达通常为严谨严肃、客观公正的情态。例如:

(120) 如果现有的能源生产方式和消费方式保持不变,中国未来的能源需求,且不论资源、资金、运输等条件,仅就环保而言也是无法承受的。(1994年《报刊精选》)

(121) 现代企业制度要求企业有健全的决策、执行、监督机构,高级管理人员经选举产生,不分级别,不论官职。(1994年《报刊精选》)

尤其在排比句式中,这种严谨严肃、客观公正的情态表现得更为明显。例如:

(122) 他们真正做到"任人唯贤,不徇私情",招聘不看亲疏,不分地域,不论出身,严格按照招聘条件择优录用。(《1994年报刊精选》)

(123) 新税制铁面无私,一视同仁,不论成份,不分内外,不计大小,不可逾越……此之谓统一、公平。(1994年《报刊精选》)

(124) 形成了干部能上能下,职工能进能出的用人机制,干部职工不论年龄,不管资格,不计身份,只要有能力就上,不行就下,职工不符合条件的最终要被淘汰。(1994年《报刊精选》)

"遑论"已从概念功能发展到了篇章功能,否定语义量级较高的后分句内容,表达后分句否定的程度比前分句高,这种特定的否定导致其往往具备主观性特征,这在与前项分句如"连"字句、"尚且、尤其"引导的分句等配合使用时,这种主观情态表现得更加明显。请看例句:

(125) 周遭的店铺里……,要知道现在民间连一个瓷片踪迹都不易寻得,遑论完好的器物,那可是价值连城的宝贝。(2015年《美术文化周刊》)

(126) 一个过气欧美组合尚且可以到中国各种耍大牌,更遑论EXO这种能迅速集结无数眼球的鲜肉团。(人民网2015-03-17)

(127) 就语境和字面看来,郑强说的是很多理工生没有什么情感,尤其是没有孝敬父母的情感,遑论孝顺父母了。(红网2015-03-08)

这种"连……,遑论……""尚且……,遑论……"或"尤其……,遑论……"的表达格式,其主观性要强于"不论"式,更加侧重对后者的否定,强化表达后者在程度等量级上达不到的主观情感。

4.4　关联功能有别

这一点是从"遑论"与"不论"语法化为连词的角度来说的。我们知道"遑论"已在递进复句的篇章句法-语义环境中,由于语用推理、语境吸收、紧邻语境等机制的作用,逐渐由概念功能向篇章关联功能发展,语法化为递进后项连词。例如:

> (128) 除了"村山谈话"里的真诚道歉,其他所谓道歉往往只是为了外交需要而做的表面文章,遑论悼念受害者与民间赔偿了。(2015年《环球时报》)

> (129) 刚刚过完寒假的孩子们,自然要跟小伙伴们分享一下丰富多彩的假期生活,遑论一些学校还布置了关于"假期去哪儿了"的作业。(荆楚网2015-03-05)

"遑论"作为递进后项连词,连接前后两个分句,起到衔接递进语义的作用,衔接就是指语篇中一个成分与另一个可以与之相互解释的成分之间的语义关系。而"不论"发展为较成熟的无条件前项关联连词是在明清时期,其连词化的主要机制是句法结构的复杂化、韵律和谐因素以及自身的句法语义限制(郝明杰,2013),常用在表无条件的复句中,表示条件或情况不同而结果不变,后面往往有并列的词语或表示任指的疑问代词,下文多用"都、总"等副词跟它呼应,如"不论……都""不论……总"。例如:

> (130) 在孩子成长的阶段,不论男孩还是女孩,都需要一种很强、很有力量、很权威的爱。(2015年《现代教育报》)

> (131) 这些日子风清扬始终和端木雪保持距离,以礼自持。不论端木雪如何殷殷相待,风清扬总是不理不应,端木雪始终不能得知风清扬的心。(令狐庸《风清扬传》)

"不论"的无条件前项连词功能类似于"不管、无论",它们之间可以相互替换。例如:

> (132) 不管[≈不论]名次如何,我觉得能站上这个舞台就依然骄傲。(红网2014-2-8)

> (133) 运动员参加国际大赛,无论[≈不论]名次如何,大多能兴高采烈地享受其过程。(2011年《人民日报》)

第四章 "岂敢"的标记化及其相关问题

本章不拟对起源于疑问范畴表否定用法的词或词素做全面研究,仅以"岂敢"作为研究对象,从句法分布与选择限制、否定性质与表达功能、"岂敢"的语法化及其机制以及与"不敢"的差异四个角度全面详细地剖析其共时表现和历时发展。

1. 句法分布与选择限制

"岂":副词,常用在谓语或小句前,表示反诘,相当于"哪里、难道、怎么"。现已成为降格的黏着语素,后边一般会出现一个单音节词与之搭配,构成一些常见的组合,如"岂敢、岂能、岂可、岂但"等。"岂敢":语气副词,意为怎么敢或哪里敢,多用作客套话,其一般出现在单句或复句的句法环境中,常修饰谓词性成分,既有简单形式,也有复杂形式,有时也用作应答语,表达委婉谦虚。

1.1 状位分布

在句法位置上,"岂敢"多出现在谓词性成分之前的状位上,修饰的谓词性成分既有简单的光杆形式,也有复杂形式,包括状中短语、动宾短语等,表达对谓词性成分所代表的动作或行为的否定。例如:

(1) 国家的成百亿成百亿的资金,一幢幢一排排凝固在花园别墅的砖瓦之中。美丽的凝固价比天高,凡人岂敢问津?(1996年《人民日报》)

(2) 可是段祺瑞治家甚严,张夫人岂敢隐瞒,当天晚上便将此事告诉了段祺瑞,段祺瑞听后立即火冒三丈:"这小子哪来这么多钱?还要每月都送,我倒要看看他这些钱是哪儿来的!"(光明网 2015 - 01 - 19)

(3) 毛泽东风趣地对张恨水说:"在湖南一师读书时,有位绰号叫'袁大胡子'的先生,曾嘲笑我的作文,是新闻记者的手笔,今天遇到张先生,我可是小巫见大巫了哟。"张恨水谦逊道:"毛先生雄才大略,大笔如椽,我辈小说家言,岂敢相比。真是惭愧!"(1993年《作家文摘》)

(4) "必须抓住。慢了,就会更落后。"为公社工交办主任兼对外办主任的他,肩负天降大任,岂敢松懈?(1994年《人民日报》)

"问津、隐瞒、相比、松懈"为光杆形式的宾语,相关的光杆形式还有:怠慢、懈怠、使伪、承受、干预、干预等。复杂形式的谓词性成分主要是由介词短语构成的状中短语和动宾短语。例如:

(5) 李侔觉得陈子山有点失言,正怕献策心中不快,而献策却跟着大笑,毫不介意地说:"愚弟只是宋矮子,岂敢与晏婴相比!"(姚雪垠《李自成》)

(6) 菲律宾政府在没有美军撑腰的情况下岂敢轻捋南海舰队虎须,也只敢口头上表示表示"抗议",……本以为中国的舰队总有一天要撤走,到时再寻中国石化的会期不迟。(汉风《悠悠烛秦月,浩浩起汉风》)

(7) 面对副统帅和中央"文革"领导小组组长的手令,造反派即使吃了豹子胆,岂敢说半个不字。(1993 年《作家文摘》)

"岂敢"否定其后的谓词性成分多为一个命题成分,常常涉及一个相关的与事性成分或受事成分。不管"岂敢"修饰的是光杆形式还是复杂形式的谓词性成分,其主要功能还是否定它们所代表的动作行为,这种否定属于语用层面的否定,而非语义的否定。

1.2　应答功能

"岂敢"修饰的 VP 在前文已经出现,为了表达的经济性和简明性,VP 常承前省略,在句法、语义以及经济原则影响下,"岂敢"逐渐完成语法化,成为口语中的应答标记,是说话人表达自身的谦虚和对听话人的尊敬而采取的一种委婉含蓄的否定。例如:

（8）三皇子听后,恨恨地说:"那么她给你的回信,你为何不也给我看看呢?换作我,早就给你看了。"薰君答道:"岂敢! 你收到了那么多女子的信,连只言片语也不曾让我知晓呢!"(紫式部《源氏物语》)

（9）"还在生气?"他扳着她的肩头。

"岂敢。"忧怒未消。

"好,我送你一件礼物赔罪,行不?"(胡辛《蒋经国与章亚若之恋》)

(10)"您能不能替我给她们捎个信?"

"不费事,正顺手。"

"您大概常和她们见面?"

"岂敢,天天看见她们;好出风头,她们。"笑着我自己的那个"岂敢"。(老舍《爱的小鬼》)

上述三例,"岂敢"后接的谓词性成分"给你看、生气、和她们见面"在前文中已经出现,属于旧信息,为了表达的经济性就不重复使用了。"岂敢"还可以重复连续使用,"岂敢,岂敢"已经成为固定化的表达格式,在言语中被作为表礼貌恭谦的客套语,功能类似于"不敢,不敢"。例如:

(11) 老通宝抖着嘴唇恨恨地说,闭了眼睛,仿佛他就看见那冤家鬼"小长毛"。黄道士料不到老通宝会"古板"到这地步,当真在心里自悔"嘴快"了,况又听得老通宝谢他,就慌忙接口说:"岂敢,岂敢[≈不敢,不敢],舍下还有点小事,再会,再会;保重,保重!"(茅盾《秋收》)

(12) 鸿渐经不起辛楣苦劝,勉强喝了两口,说:"辛楣兄,我只在哲学系混了一年,看了几本指定参考书。在褚先生前面只能虚心领教做学生。"
褚慎明道:"岂敢,岂敢[≈不敢,不敢]!听方先生的话好像把一个个哲学家为单位,来看他们的著作。这只算研究哲学家,至多是研究哲学史,算不得研究哲学。"(钱锺书《围城》)

(13) 毛泽东主席回到了阔别多年的故乡——湖南韶山。在短暂逗留的日子里,他特地请家乡的老人吃饭。在他向一位70多岁的老人敬酒时,那位老人说:"主席敬酒,岂敢,岂敢[≈不敢,不敢]。"毛主席说:"敬老尊贤,应该,应该。"(1993年《作家文摘》)

"岂敢"和"不敢"都具有否定表达的功能,但二者否定功能、否定性质、标记程度、语体特征等还具有个性差异。为了使交际顺利进行,人们通常会对言语进行一些加工,采用"岂敢,岂敢"此类叠用式①,使语言变得圆润生动,用一些委婉含蓄的表达方式来代替一些容易让人产生抵触的说法,使交际过程更加顺畅,其话语标记的用法逐渐成熟。相比于"岂敢","不敢"的标记化程度还较低,其功能还是以表达概念为主,人际功能不如"岂敢"。

1.3 选择限制

分布(distribution)是美国结构主义学派对语言学的一大贡献。分布指的是语言成分或语言单位出现的环境,也就是一个语法单位在组合中即在更大的语法单位中所处的位置。这种"所处的位置"是一个语法单位分布的总和,反映了这个语法单位的全部用法。在一个语法单位分布的总和中,有些分布的环境对语法单位

---

① 我们把"岂敢岂敢"处理为叠用式,而非重叠式,理据按李宇明(2000):重叠的基式不能无限制地重现,一般是只能重现一次。

有选择性,或者说这个语法单位对其所处的环境中前后出现的成分具有选择作用:对于分布的环境来说,它对语法单位的选择体现在"限制条件"上,对于这个语法单位来说,它对前后成分的选择体现在"配搭功能"上(齐沪扬,2002)。下面从"岂敢"对人称选择和时态选择两方面考察其分布和限制。

1.3.1　人称选择限制

语素"岂"在现代汉语中是承担着专职表达反诘语气功能的语气副词,"岂敢"已由表反问发展到表否定,其句法位置大多处于状位。据我们统计,"岂敢"对人称的选择以第一人称或言者为主,少数是第二、第三人称。例如:

(14) 走进来的是马慕韩和金懋廉,他们向大家拱拱手。马慕韩抱歉地说:"对不起,让诸位久等了。"
"主客么,"徐义德暗示地扫了大家一眼,讽刺地说,"我们岂敢不等!"(周而复《上海的早晨》)

(15) 这江苏人与我萍水相逢,他的话岂可尽信?况在找车难于上青天的今日,我岂敢盼望这种侥幸!(丰子恺《艺术的逃难》)

(16) 丁夫人怔了片刻,随即决定暂不直接向皇后求情,拿一件事情试探皇后口气。她赔笑说:"臣妾何人,岂敢在陛下前为李家求情。"(姚雪垠《李自成》)

(17) 章竞平见韦永成兴趣来了,故作神秘地说:"她是我的一位同窗好友,相貌美丽,秀外慧中,……与厅长相配,可谓天生优俪。她就是委员长的亲侄女蒋华秀,今年20岁,浙江之江大学毕业,现在江西堂兄蒋经国先生那里工作。""蒋家千金,我岂敢高攀!"(1996年《作家文摘》)

"岂敢"是经由语用推理形成否定功能的,其否定是说话人对VP是否进行的适宜性的否定,"岂敢不等、岂敢盼望、岂敢在陛下前为李家求情、岂敢高攀"都是针对动作实施的某种适宜性的否定,因而具有主观性,人称选择上更加靠近第一人称也是可以理解的。当然,选择第一人称只是一个大致的倾向,我们也发现第二、第三人称与"岂敢"连用的用例,不过频率较低。例如:

(18) 我常常答应带她去儿童乐园玩,但往往因陪酒而不能践约,于是连哄带骗、两面三刀穷尽为父虚伪阴险之能事。她岂能岂敢当面撕破父亲的伪善面皮呢。(新浪博客 2009－02－22)

(19) "尹白,希望你不要把人当作小玩意。""韩明生,你岂敢质疑我对妹妹的感情。"(亦舒《七姐妹》)

据语料统计,"岂敢"对人称选择的频率如下表:

表 1 "岂敢"对人称选择频率表

	第一人称	第二人称	第三人称
岂敢	32.8%	3.4%	4.1%①

1.3.2 时态选择限制

"岂敢"出现在含有"倘若、若、如果、假如、万一"等假设关联词的假设条件复句中,占例句总数的 14.3%。请看例句:

(20) 还从没人敢这样教训他。傅贵想发火,忍住了,转念细想:我若果是畏葸之辈,又岂敢辞去公职,岂敢下海南?(张卫《你别无选择》)

(21) 抄雅皮士做派,而自己像他这么大的时候,已开始独自讨生活了。这不成气的小子,倘若真堕落成花花公子,劲松的事业岂敢交他掌管?(张卫《你别无选择》)

(22) 人寿几何,不可逆料,万一有一天太子不幸谢世,别的亲王就会当你们的主人,你们岂敢如此轻视他们?(靳洛冰《大唐风云录》)

(23) 假如是散派的金罗尊者,贫僧岂敢上前动手? 即使是武当的韩真人,贫僧亦礼该退让。(司马翎《饮马黄河》)

从上述例句中可以看出,"岂敢"用在假设复句中,一般是前分句提出一种假设条件的情况,后分句用"岂敢"否定在这种假设条件的情况下将要进行的某种动作行为,这也是其语用否定的一种体现。而假设条件复句是偏句提出一种假设条件的情况,正句说明在这种假设条件的情况下要产生的结果,这类由假设而生的结果不管能否实现,现在都还没有发生,是未然状态,因而"岂敢"所配合的时态选择就是将来时态。再如:

(24) 乌白和尚称赞定州来僧"消得怎么",不仅仅是称赞这僧,同时也是自赞:我若不是能看清对方,岂敢轻易地就把杓柄与他。(元音老人《碧岩录》)

(25) 如果两人交出手中的权力,政府岂敢冒险,让他们自由自在? 连让他们活下去的风险都不肯冒。(弗诺·文奇《真名实姓》)

"若不是能看清对方、如果两人交出手中的权力"都是前分句提出的假设条件,

---

① 语料数据统计来自 CCL 语料库,共 567 条,处理时间为 2024 年 11 月 8 日。

后分句表示在这种假设条件下将要进行的某种动作行为。可见"岂敢"的时态选择优势体现为将来时。

2. 否定性质与表达功能

王力(1985)提出,"反诘语可以当否定使用,这是很自然的道理,不过反诘语的语意更重罢了"。吕叔湘(1982)提到反诘实在是一种否定的方式:反诘句里没有否定词,这句话的用意就在否定;反诘句里有否定词,这句话的用意就在肯定。在现代汉语中,"岂敢"是由反问发展而来表达否定功能的。那么"岂敢"在否定性质、否定强度、否定的主观性以及表达功能上又有哪些特点和表现?

2.1　语用的否定

否定分为"语义否定"和"语用否定","语用否定"是相对"语义否定"而言的,"语义否定"是否定句子表达的命题的真实性,即否定句子的真值条件(truth conditions),"语用否定"不是否定句子的真值条件,而是否定句子表达命题的方式的适合性,即否定语句的适宜条件(felicity conditions)(沈家煊,1993)。"岂敢"的否定具有语用否定的性质,"岂敢"的语用否定特点表现在其进行否定的时候,就是否定某种表达方式的适宜性。例如:

(26) 否则,稍有闪失,亲王怪罪下来,小姐必难承受。亲王一旦同意,则迎送诸等事情,小生自应全力担负,岂敢怠慢!（紫式部《源氏物语》）

(27) 在下二十年前承阁下砍下了一条臂膀,此恩此德,岂敢一日或忘? 今日特来酬答大恩。（金庸《神雕侠侣》）

(28) 分队指挥员、学员刘楚航迅速向离阵地不远处的兄弟分队紧急求援,兄弟分队却按兵不动,原因很简单:"上级指令没到,岂敢轻举妄动?"（中国新闻网 2015 - 06 - 16）

(29) 章老先生反剪着双手,笑笑:"练好童子功,终身都受用。不经一番冰霜苦,哪得梅花放清香? 纯儿,随我来。"纯儿岂敢不从命? 扮个鬼脸,不情愿地跟着公公进了后天井旁的西厢房,那是公公的书房养心斋。（胡辛《蒋经国与章亚若之恋》）

上述四例,"岂敢"均否定了某种表达方式的适宜性。例(26)是表达"对于亲王同意的迎送诸等事情如果怠慢"是不恰当的,例(27)是认为"忘记此恩此德"这种行为是不合情理的,例(28)认为"如果上级指令没到就动手"这种行为的不合理,例

(29)表达的是面对"章老先生"的要求,如果做出"不从命"的行为是不适宜的。可见,"岂敢"的否定并不涉及句子命题的真值,而是否定事件合理存在的适宜条件。再比如:

(30) 父母给你相貌与灵魂,大自然给你肉身,一切早已注定。要紧的是不让俗情研伤性命,保住天年已万幸,岂敢妄想求长生。现在你在干什么?(《读者(合订本)》)

(31) 幸得段公子心中记得此经,无可奈何,只有将你带到慕容先生墓前焚化,好让小僧不致失信于故人。然而公子人中龙凤,小僧与你无冤无仇,岂敢伤残?(金庸《神雕侠侣》)

(32) 皇天厌乱,使我灭南盗,驱北贼。无德无才,岂敢妄自尊大?天下遽推戴之。陈友谅有知,徒为所笑耳。(《读者(合订本)》)

上述三例,"岂敢"否定的都是非现实性的适宜条件。"求长生、伤残、妄自尊大"都是非现实性的,是命题的发展中的某种假设,"求长生、伤残、妄自尊大"相对于"保住天年、无冤无仇、灭南盗、驱北贼"都是一种条件,否定这些条件并不影响命题意义的表达,因而也是语用性质的否定。

2.2　强化的否定

之所以说"岂敢"的否定是强化否定,是因为反诘类语气副词参与的反诘问句能够使否定得到强化(丁婵婵,2005),即反问形式的否定强度要高于陈述形式的否定(张伯江、方梅,2014)。我们认为由反诘语气副词形成的"岂敢"这种有标志的否定之所以会使句子的否定功能得到强化,是因为"岂敢"在表示反诘语义的同时,否定了句子的预设,否定预设会使句子的否定效果得到强化。例如:

(33) 李延宗冷笑道:"你这人武功脓包,倒是个多情种子,对王姑娘这般情深爱重。"段誉摇头道:"非也非也。王姑娘是神仙般的人物,我段誉一介凡夫俗子,岂敢说什么情,谈什么爱?"(金庸《天龙八部》)

(34) 萧峰道:"我是个一勇之夫,不忍两国攻战,多伤人命,岂敢自居甚么功劳?"(金庸《天龙八部》)

(35) 萧峰道:"当年微臣不知陛下是我大辽国天子,以致多有冒渎,妄自高攀,既知之后,岂敢仍以结义兄弟自居?"(金庸《天龙八部》)

在上述各句中,否定强化的体现就是通过否定语用预设来完成的。"岂敢谈情说爱""岂敢自居甚么功劳""岂敢以结义兄弟自居"是对"一介凡夫俗子""一勇之夫""多有冒渎,妄自高攀,既知之后"等预设的否定,否定这些预设对受话人来说具有意外性,因而强化了否定表达效果。如果把"岂敢"去掉,代之以别的形式,否定的强度、语气明显要弱很多。例如:

(33)′我段誉一介凡夫俗子,还说什么情,谈什么爱?

(34)′我是个一勇之夫,不忍两国攻战,多伤人命,还自居甚么功劳?

(35)′当年微臣不知陛下是我大辽国天子,以致多有冒渎,妄自高攀,既知之后,还仍以结义兄弟自居?

"岂敢"表现的是某种语气和态度,是一种语用否定,而不是某种确定或具体的语义,代之以"还"就会发现原本否定的预设不存在了,因而替换后的句子在否定、反对、质疑、不满、同情等语气以及态度方面都会相对较弱。"岂敢"否定预设,对问话人来说是意料之外的打击,否定的效果因此得到强化。

2.3　主观的否定

语言的使用除了传达命题信息之外,还渗透着说话者的意图、情感等主观性成分。所谓主观性是指语言的一种特性,即在话语中多多少少总是含有说话人"自我"的表现成分。也就是说,说话人在说出一段话的同时表明自己对这段话的立场、态度和感情,从而在话语中留下自我的印记(沈家煊,2001)。"岂敢"在表达否定时,常常伴随着说话人主观情感的显现,即"岂敢"在否定特征上具有[＋主观性]的语义特征,其主语多为有生主语,既可以表达句法主语的主观性,也可以表达言者主语的主观性。例如:

(36) 这几句话可谓语惊四座,在座诸人有一多半均黯然垂首,自忖道:"连何老都没收到,我等岂敢有非分之想。"(新浪体育 2014－10－19)

(37) 长期扎根传染病临床一线,不亚于"天天上战场"。然而,皇甫玉珊却说:"患者把生命托付给我们,我们岂敢有丝毫懈怠。"(2014 年《解放军报》)

(38) 他们像当年八路军的武工队一样,短枪明面插在腰间,岂敢不借?（梁晓声《一个红卫兵的自白》)

(39) "李自成平日用兵神出鬼没,常使官军捉摸不定,何况他今日远离部队,身人危境,岂敢大意?"张可旺想了一下,说:"好,决不令他远走高飞!"（姚雪垠《李自成》)

在上述四例中,例(36)与例(37)表达句法主语"我等、我们"的主观情感,旨在表达对"何老、患者"的尊重和对工作的认真负责、毫无懈怠;例(38)与例(39)表达言者主语,即说话人的主观情感,意在表达"不得不借、不敢大意"的主观评注。此外,"岂敢"除了表达主观性,还可以表达交互主观性,即为了照顾到听话人的面子、情感需要,采用"岂敢不"这种双重否定表肯定的形式,使表达显得更加尊重、委婉,这也更加说明"岂敢"语用否定的性质。例如:

> (40) 为提倡廉洁奉公,陶澍除坚决退回盐政每年例送的二万两"红包"外,……归入"节省"项下,全数上缴中央户部。大领导带头示范,属下岂敢不跟进? 一年下来,两淮盐政裁减的各项"浮费",多达十六万两。(2014 年《中国经营报》)

> (41) 养老的财政补贴也没有进入法制化的轨道,各级政府财政的介入,都是从每一级政府财政盘子里"挤"出来的,上级让下级"挤",下级岂敢不"挤"。(2013 年《第一财经日报》)

> (42) 对早已病入膏肓的中国足球来说,改革突然如此雷厉风行,原因很简单——上面的领导对足球重视了,下面的人岂敢不尽力? (金羊网 2011 - 10 - 26)

对于级别比自己高、社会地位比自己显赫的人,采用否定表达法时,还尽量给予对方以"面子"需要,即在否定自己的同时还要突显对方,采用"岂敢不"能体现交互主观性的互动。上述 3 句,运用"岂敢"否定"属下、下级和下面的人"的同时,还突显提升了"大领导、上级、上面的领导"的社会形象。因而,"岂敢"的主观否定出了具有[+ 主观性]特征,还具有表达交互主观性的功能。

2.4　表达酬应功能

就"岂敢"的表达功能来看,主要就是为了体现维持人们之间和谐的交际关系、避免交际中出现空白现象、使得交际渠道保持通畅的酬应功能,这是其标记化功能的体现。所谓酬应功能是指那些有助于建立、维持人际关系的表达,能及时填补交际的空白,实现预想的交际目的。这样的语用功能,是交际中的润滑剂,也是交际内容的重要组成部分。酬应功能也被称作寒暄功能,应酬功能或交感性功能,在 20 世纪初由波裔英籍人类学家勃洛尼斯拉夫·马林诺夫斯基(Bronislaw Malinowski)首次提出(郝媛,2011)。"岂敢"的酬应功能在其标记化用法中较为明显。例如:

> (43) 她问前来接她的张学良:"这是我的东西,就不要再检查了吧?"张学良答:"夫人,岂敢!"(2015 年《环球人物》)

> (44) 黄金荣指着蒋介石说,现在志清是我的徒弟了,志清的债,大家可以来找

我要。债主们谁敢向黄金荣要钱？连声说"岂敢，岂敢"。（新浪历史 2014 - 10 - 17）

(45)"不知三郎弟能否将此画赠我？""岂敢岂敢，此画不过一时兴至之作，不值阿姐一粲。阿姐深通绘事，还望不吝指教，以启愚蒙。"（新浪读书 2012 - 08 - 31）

上述三例，"岂敢"表达的就是保持交际渠道畅通、避免交际出现空白的酬应功能。例（43）中，运用"岂敢"在张学良和宋美龄之间建立起比较通畅的交际关系，避免交际出现中断，若"岂敢"不出现，则该交际是不完整的；例（44）与例（45）分别在债主们和黄金荣、阿姐和苏曼殊之间建立起顺畅的交际渠道，分析与首例类似。我们发现"岂敢"都是作为应答语表达酬应功能，避免交际中断。沉默不只是一种中性反应，而是很容易被解释为一种带有敌意的表示（Leech1987），"岂敢"的酬应功能可以消除交际中的沉默，保持交际顺利进行。"岂敢"也是在这样的句法环境中逐渐标记化的。再如：

(46)白石先生，从今以后，你再也不必为青藤、雪个他们转轮为"走狗"了。他们若在天有灵，会情愿拜你们下为"走狗"的。齐白石连说："岂敢，岂敢！在所有古今先贤面前，我永远是一条忠实的走狗。"（2014 年《江淮时报》）

(47)贾琏归来，凤姐迎候，会说："国舅老爷大喜，国舅老爷一路风尘辛苦。"贾琏也会笑道："岂敢岂敢，多承多承。"夫妻玩笑，知情解趣。小别之后，凤姐也会把协理宁国府这些事絮絮学给贾琏听。（2008 年《中国青年报》）

"岂敢"的酬应功能具有谦辞的性质，敬辞对于对方的褒扬以贬抑自己为前提，谦辞对自己的贬抑则以褒扬对方为前提（马庆株，2004），"岂敢岂敢"作为谦辞是对自己加以贬抑，是主动降低相对位置以积极表现谦虚、保护"面子"，拉近交际双方的距离，帮助建立和谐的交际氛围，创造良好的谈话气氛。例（46）中齐白石作为中国伟大的艺术大师，运用"岂敢，岂敢"标记化形式寻求降低自己的身份，并且后句补充说自己"永远是一条忠实的狗"，主动根据交际的需要找到自己的相对位置；例（47）中凤姐称贾琏为国舅老爷以提升贾琏的交际地位，贾琏出于谦虚等需要也主动降低交际位置，运用"岂敢岂敢"来贬抑自己，使得交际双方的相对位置达到平衡。

3. "岂敢"的语法化及其机制

上古汉语中，有一套较为完整的反问系统，涉及疑问代词、疑问副词和疑问语气词。疑问代词有：何、谁、孰、奚、易、胡、恶；疑问副词有：岂、讵、遑、况、庸、独、安、宁、焉；疑问语气词有：邪、乎、也、哉等。这些词在语言的发展过程中，因语言发展要求分工精细，避免重复，大部分经历了竞争与消亡，只有少数以黏着语素的形式保留在现代汉语中，完成词汇化后成为词内成分，如"岂敢""讵料""遑论""何等""何其"等。

3.1 词汇化

《说文》："岂，还师振旅乐也。一曰欲也，登也。从豆，微省声。"段注："凡言岂者皆庶几之词，言几至于此也，故曰欲登……岂本重难之词，故引申以为疑词，后人文字言岂者，其意若今俚语之难道。"上古汉语中，"岂"作语气副词表反问，用于谓语或小句前，相当于"怎么、难道"，可以和助动词"得""敢""可""能"①组合使用，具有更明显的反诘语气。例如：

(48) 仲尼岂贤于子乎？（《论语·子张》）

(49) 秦岂得爱赵而憎韩哉？（《战国策·赵策一》）

(50) 今君王卒，臣岂敢忘君王之意乎？（《史记·楚世家》）

《说文》："敢，进取也。"从又、从月、从殳，意为执殳冒而前。段注："用爪用殳冒而前也，今字作敢。""敢"本义即是有胆量去做某事，《广韵·释诂》："敢，勇也。"意为勇敢，有胆量，不能单独使用，通常用在动词前，起修饰限定作用，这是其助动词的用法。由于"敢"常用于反问句中，经语用推理表达"不敢"的否定义。"岂"与"敢VP"句法上最早组连见于先秦时期，"岂"与"敢VP"在句法上是状中短语，"岂"作为表疑问的语气副词修饰"敢VP"，意为"哪里敢、怎么有胆量"。例如：

(51) 将仲子兮，无逾我园，无折我树檀。岂敢爱之？畏人之多言。（《诗·郑风·将仲子》）

(52) 戎车既驾，四牡业业，岂敢定居？一月三捷。（《诗·小雅·采薇》）

(53) 君若绥之以德，加之以训辞，而帅诸侯以讨郑。郑将覆亡之不暇，岂敢不惧？（《左传·僖公七年》）

上述例中，"岂"与"敢"并不在同一句法层次上，"岂"作为反问语气副词修饰整个"敢 + VP"述宾结构，属于非句法结构（刘丞，2014b），"岂敢爱"意为"哪里有胆量去爱"，"岂敢定居"意为"怎么有胆量定居"，"岂敢不惧"意为"哪里有胆量感

---

① 现代汉语中，语素"岂"形成"岂 X"词族：岂敢、岂能、岂可、岂但、岂非、岂止、岂是、岂有、岂知、岂料、岂肯、岂会。

到不害怕"。

两汉时期,"岂敢"也常在反问句中以表达反问为主,但该时期"岂敢"句的语气功能开始发生改变。例如:

(54) 今大夫不忘文、襄之意而惠立桓叔之后,赖宗庙大夫之灵,得奉晋祀,岂敢不战战乎?(《史记·晋世家》)

(55) 所以遣将守关者,备他盗之出入与非常也。日夜望将军至,岂敢反乎?(《史记·项羽本纪》)

(56) 如事成,岂敢独飨之哉!(《后汉书·王常列传》)

(57) 臣幸得遭盛明之世,逢文武之化,岂敢怀禄逃罪,不竭其诚!(《后汉书·窦武列传》)

上述四句中,例(54)与例(55)仍为反问用法,"岂敢"与疑问语气词"乎"配合使用,相得益彰,句子的反问功能仍然明显。例(56)与例(57)反问功能则没有那么明显,反而是表达对当前事态的主观评注和感叹,句末有语气词"哉"或者感叹语调。这种从疑问到感叹的表达功能转化使得"岂"自身反问功能逐渐弱化,这就为"岂敢"逐渐融合创造条件。因而可以说,两汉时期是"岂敢"词汇化阶段的萌芽时期。

六朝时期,"岂敢"的词汇化渐趋完成,该时期"岂敢"的非反问用法逐渐增多,其语义已发生重新分析,"岂敢"的反问功能进一步减弱,由表"哪里敢、怎么有胆量"经语用推理发展出表"不敢"的否定义。例如:

(58) 公若德深望重,宜膺大统,朕初平暴乱,岂敢当璧,自然推符奉玺,天祚有归。(《宋书·庐江王祎》)

(59) 小人荷国重恩,使于此创立小戍。殿下还朝,但自直过,岂敢干断。(《南齐书·崔慧景》)

(60) 自顾菲薄,不足对扬盛美,岂敢言屈。(《魏书·列传》卷六十五)

该时期,"岂敢"的表达功能发生明显变化,其表达否定的陈述功能逐渐显化,而表达反问功能则日趋淡化,再加上处于"2+2"的音步以及位于谓词性成分之前,语义重心发生转变,促使"岂敢"在音节上更加整合,语义上更加融合,"岂敢"发生重新分析,逐渐形成一个表否定的语气副词。总结得出,"岂敢"的副词化是从"[岂[敢 VP]]"演化到"[[岂敢][VP]]"的,由语用推理、紧邻语境和表达功能改变等一系列因素影响实现,其副词用法表现在:其一,其后接谓词性成分,语义重心改变使得由述宾结构发展为状中结构;其二,表达功能由反问转向否定。

3.2 主观化

语言的主观性即话语中总是含有说话人"自我"的表现成分。也就是说,说话人在说出一段话的同时,也表明自己对这段话的立场、态度和感情,从而在话语中留下自我的印记。"主观化"则是指语言为表现这种主观性而采用相应的结构形式或经历相应的演变过程(沈家煊,2001)。"岂敢"的主观化与其自身的表达功能转变,与其由反问转向否定是息息相关的。

关于反问句,常玉钟(1992)率先明确提出要研究反问句的语用含义。刘松江(1993)认为,反问句的语用含义就是说话人流露的鄙夷、厌恶、嘲笑、讽刺等各种情绪。邵敬敏(1996)对疑问句的研究十分深入,他指出反问句在语用上的三个特点:显示说话人内心的"不满"情绪;表现说话人主观的"独到"见解;传递说话人对对方的一种"约束"力量。戴耀晶(2001b)也指出反问句的主要语义特点是强调情绪。此外,李宇凤(2008)认为反问句是以表达个人主观情感为目的的问句。综合各家所言可以发现,反问句在表达功能上是一种彰显主观性的句类,是说话人以疑问的形式表达否定态度而采取的交际策略。"岂敢"词汇化前的原始句法环境即为反问句,因而主观性特征一直保留在早期的状中短语"岂敢"和成词后的"岂敢"中。例如:

(61) 今楚师至,晋不我救,则楚强矣。盟誓之言,岂敢背之?(《左传·襄公九年》)

(62) 大国不以礼命于诸侯,苟不以礼,岂可量也?寡君既共命焉,其老岂敢弃其国?(《左传·哀公七年》)

(63) 您是秀才,是有功名的人,我们是无名小卒,岂敢承受。您瞧我们哥儿俩跟您啰唆这么半天,耽误了不少时候,咱们还是办正事要紧,以后有空再闲聊啊。(刘英男《中国传统相声大全》)

(64) 如今此俊郎满面愁容,热泪盈盈,无限温情与我伤离惜别。于我等女子,此生能有此情缘,已是幸福万分,岂敢再有奢望?(紫式部《源氏物语》)

前两例中"岂"和"敢"是状中关系,语气副词"岂"修饰"敢+VP",即"岂+敢背之、岂+敢弃其国";后两例中"岂"和"敢"的句法关系虽也为状中,但"岂敢"已是语气副词,语气副词"岂敢"修饰其后的谓词性结构,如"岂敢+承受、岂敢+再有奢望"。虽然表层形式一致,但深层语义还是有差异的,但无一例外,两种形式在主观性表达上是殊途同归的,都是言者通过反问的形式表达主观的否定态度。"岂敢"的主观化与语用推理有很大关系,其常常与预设相关,而该预设又关系到实施这一动作的适宜性。进行某一项动作或行为,需要一定的适宜条件,如果具备某种适宜条件,就可以实施某一行为,反之则不能。拿例(63)与例(64)来说,对于"承受、奢望"这一行为,说话人是在追问其适宜条件,可是由前句"我们是无名小卒、我等女子"就可以推理出它们并不是实施"承受、奢望"这一动作行为的最佳适宜条件。"岂敢"在语用推理的影响下,人际功能逐渐明显,主观性逐渐增强。这种主观性的增强还表现在其越来越多地表达交互主观性上,越来越多地照顾到听话人的感受,上文已作阐述,这里就不再赘述了。总之,"岂敢"在语用推理、语境因素等的影响下,人际功能逐渐增强,主观情态特征越来越明显。

3.3 标记化

交际中的信息属于动态信息,话语的展开与信息的分布是按照从旧到新依次循环往复的,由于"岂敢"修饰的 VP 在上文中已经出现,属于背景信息,不再作为新信息被关注。从语言的经济原则和简明原则考虑,避免话语过于累赘,在下文中言者只需要将表明自己态度、观点的成分说出来即可,VP 就可以省略或隐含。例如:

(65) 因为我对沙汀丰富的生活阅历只知道一鳞半爪,对他的内涵深厚的作品又没有做过系统、深入的研究,岂敢信口开河,说长道短。(1993 年《人民日报》)

(66) 端木盯着我审视了一会儿,反问道:"怎么,你想考考我?"我忙分辩说:"岂敢考你。广东人讲话,那得给我个缸作胆。我是诚言诚意请教。"(苏晨《积微》)

(67) 郝倩华却笑着白了她一眼道:"你也真不害羞,人家只是客气一下,你却当真!"石继志忙正色道:"岂敢当真……这是正经话!"(萧逸《七禽掌》)

(68) 一人朗声说道:"敝上仰慕明教张教主仁侠高义,群豪英雄了得,命小人邀请各位赴敝庄歇马,以表钦敬之忱。"张无忌还礼道:"岂敢,岂敢!不知贵上名讳如何称呼?"(金庸《倚天屠龙记》)

上例(65)谓语成分"信口开河、说长道短"是整个命题中的新信息成分,因而不能省略,"岂敢"否定其后谓语成分。例(66)与例(67)谓语成分"考我、当真"已在上文中出现,属于背景信息,出于经济原则,下文在表达否定时谓语成分可以省略,就形成了"岂敢"的光杆形式,这就为其向标记化发展提供了路径。例(68)"岂敢"否定的谓词性成分已经不易找出,也似乎并不存在,这里"岂敢"的否定功能已经逐渐弱化,只是给予对方一种礼貌性的委婉回应,人际功能强化导致其已由否定功能发展成为表谦虚、客套的话语标记。这种话语标记的用法最早出现在明代。例如：

(69) 褚公爱女之心,无所不至,不由他不应承了,便道："若果然医得小女好时,老汉赔薄薄妆奁,送至府上成婚。"吴清向二赵道："就烦二兄为媒,不可退悔!"褚公道："岂敢!"(《今古奇观》第二十二卷)

(70) 太祖说："适见天神说,你辈今日之宴,以毒酒饮我,必不可去,吾决不行矣。"二王惊得遍身流汗,下马拱立,道："岂敢岂敢!"(《英烈传》第二十四回)

例(69)中省略谓词性成分"退悔"使得"岂敢"形成光杆形式,作否定性应答语;例(70)中"岂敢"已经成为表谦虚、礼貌的话语标记,其后否定的谓词性成分已经无法补出,否定功能已经逐渐弱化。而话语标记的功能重在组织会话话轮、评价命题观点、沟通交际渠道,它显著的特点就是语用上的程序义,既表达说话人的态度、情感,又为听话者理解话语提供方向,标示前后的语义关系(刘丞,2014b)。

4. "岂敢"与"不敢"对比分析

现代汉语中,与"岂敢"在语义上相仿的还有"不敢"。例如：

(71) 东大毕竟是日本最高学府,拿了大量的国家经费进行地震研究,他们说的话岂敢不信? (中国新闻网 2012 - 02 - 07)

(72) 因为都知道叶天士医术高明,不敢不信,这公子哥听得此言,非常害怕,恳求叶天士救命。(2015 年《羊城晚报》)

"岂敢不信"和"不敢不信"都是用双重否定表达肯定的形式,如果不考虑语用表达、情态等因素,二者在语义真值上差别不大,"岂敢"可以解释为"不敢",而这也正是许多文献用"不敢"来解释"岂敢"的原因。若考察语用标记用法,二者也具有某种程度的一致性。例如：

(73) "我说了马上走就得马上走? 我的事情还需要你来安排吗?"乔书记说："不敢不敢,只不过现在这个时候……你还是听我的比较好。"(2010 年《成都晚报》)

(74) 小李一听,赶紧说,岂敢岂敢,请领导多批评、多指教。看到小李受宠若惊的样子,我心里也感到很不自在。(红网 2009 - 06 - 02)

"不敢不敢"与"岂敢岂敢"在语用上的一致性表现在二者都是说话人主动寻求降低交际位置以保护听者"面子"、延续话语言谈而采取的积极的、委婉的自谦式、礼貌式的交际策略。但是二者的标记化程度不一,"岂敢岂敢"的标记化高于"不敢不敢"。二者在其他方面的差异也是非常显著的,主要表现在 4 个方面:否定性质相异、否定等级不同、主观情态差异以及语体分布分化。

4.1 否定性质相异

"不敢"意为"没有胆量(做某事)",其否定义是语素"不"带来的,因而是语义否定,表达概念功能,其还可以与各类副词组合使用,如"才、就、都、仍、还、甚至、根本"等。例如:

(75) 我一定要创业者本身是有想法有冲劲,那些浮夸又异想天开的人,我才不敢(≠才岂敢)投资给他。(2015 年《新京报》)

(76) 学生小许的妈妈说话时还难掩心中的激动,甚至不敢(≠甚至岂敢)相信这是真的。(2015 年《春城晚报》)

"不敢投资给他"与"不敢相信这是真的"表达的都是语义否定,属于概念功能层面,其前还有副词"才、甚至"修饰,而"岂敢"不具有这样的用法。此外,"不敢VP"还可以充当组合式补语成分。例如:

(77) 她径直来到洗手间,看到窗外的"小家伙们"在蜂窝外盘旋,在家里看电视的小孙子吓得不敢去厕所。(2008 年《河南商报》)

(78) 你看我们家卫生间的天花板,还有一部分没画,到后来,实在是累得不敢抬脖子了。(2005 年《北京娱乐信报》)

而"岂敢"是语气副词,其否定义是经由反问语用推理而来的,因而其否定的性质是语用否定,不能进入句法-语义层面(张谊生,2015),其常常否定 VP 的不适宜性,与 VP 的句法关系为状中而非述宾,"岂敢"除了表达否定的概念功能之外,还可以表达人际功能的主观评议性,甚至还发展出话语标记的用法。例如:

(79) 在匿名和背靠背状态中,人的羞耻感将更少,道德约束力将更小,当面想说而不敢(≠岂敢)说的话,想做而不敢做的事,这个时候就敢了。(2015 年《羊城晚报》)

(80) 她突发奇想也要学太极拳,一个电话打到上海市委,要召顾留馨进中南海。他正公务缠身,但当时上海的领导人,对江青的电话,岂敢怠慢,隔日,他就被催促启程赴京。(王怡白《走进中南海的武术大师》)

(81) 这一招果然有效,郭世勋明知这样做不符合惯例,但事关向皇帝祝寿大事,岂敢怠慢?(《读书》vol－184)

(82) 周颠道:"杨兄,你的武功也还罢了,讲到计谋,总算比周颠稍胜半筹。"杨逍

笑道:"岂敢,岂敢! 周兄神机妙算,小弟如何能及?"(金庸《倚天屠龙记》)

例(79)"岂敢"不能进入句法-语义层面,而"不敢"可以;例(80)与例(81)"岂敢怠慢"分析为状中关系,其还可以否定对实施"怠慢"这一行为的预设,即否定"上海的领导人怠慢、郭世勋怠慢"的不适宜性;例(82)"岂敢"其否定功能已经渐趋弱化,而转而成为表达说话人自谦、客套的话语标记。

4.2 否定强度不同

"岂敢"是反问经语用推理表否定的语气副词,其否定的强度较高。学界对此已有相关研究,丁声树等(2004)认为"同样的意思,用反问句来说就比平常的肯定句否定句更有力量"。于根元(1984)也曾讨论过反问形式表达否定意义有强度的差别。张伯江(1996)论证了否定式与反问式共 8 类形式在否定强度上的差异,其结论是反问形式的否定强度要高于陈述形式的否定式。我们认为,具体到"岂敢"与"不敢",也符合这一规律,即由反问经语用推理而来的"岂敢"的否定强度要高于陈述形式的"不敢"。例如:

(83) 也难怪,管理学是个舶来品,更何况名为"原理"的东西,岂敢掉以轻心呢,必须严肃,严肃,再严肃。(2013 年《证券日报》)

(84) 同样深有感触的还有心田公司项目人员郝建玲:"作为稳评机构,我们深感责任重大,不敢掉以轻心。"(2015 年《法制日报》)

"岂敢"的否定强度高于"不敢"是因为"岂敢"在表达否定时,是通过一个语用推理否定了说话人的预设,如例(83)"管理学是个舶来品,更何况名为'原理'的东西"该句的预设就是对于"管理学、原理"等我们应该加以重视,而后句"岂敢掉以轻心"正好是对预设的否定,这种反问形式的否定对于说话人来说是一个意外的打击,因而否定强度较高。而陈述形式的"不敢"在表达否定时,仅仅是对后面的谓词性成分加以否定,并不涉及对预设的否定,如例(84)"作为稳评机构,我们深感责任重大"理应推出"不敢掉以轻心",由此可见,"不敢"的否定具有顺向推导性质,即基于常识或者准则,我们该做什么不该做什么。因而其不涉及预设的否定,这种陈述形式的否定对于说话人来说是预料之中的,不具有意外性,因而否定强度较低。再比如:

(85) 又推了过来,"小苏是嫌礼薄?"

再推回去,"我家大人不在,小苏岂敢轻易接受"。

再推回来,"即便王大人在,也一定会赞成你收下的"。(苏栩《苏肉难寻》)

(86) 但其实薛洋的内心是最渴望温暖的,只是因为他曾经失去过、伤心过,太怕失去,所以不敢轻易接受。(新浪娱乐 2011 - 06 - 02)

例(85)预设是"大人不在,不可以接受",而其后采用反问形式表达的就是这个预设,其意也在否定"接受"这一动作行为的不适宜性。例(86)"不敢轻易接受"是从前述成分"失去过、伤心过"等正常推导出来的,不具有意外性,是预料之中的。综上所述,反问形式的"岂敢"否定强度要高于陈述形式的"不敢","岂敢"是经语用推理表否定的,表达具有意外性,"不敢"是经常识或准则推导的,是预料之中的,不具有意外性。

4.3　主观情态差异

"不敢"还表达概念功能的否定,其多是根据某种常识或者社会准则推理出实施某一动作行为的不合理、不成熟,属于动力情态。其更多具有[＋客观性]的语义特征,主语多为句法主语,以无生主语居多,不过偶尔也可以表达主观性。例如:

(87) 一级压一级的利润考核,让企业难以超脱,提速降费也不敢理直气壮。(2015 年《经济日报》)

(88) 每一个技术持有者都非常迫切地希望把他的技术转化成生产力,但是为什么不敢去做,主要是缺乏明确的法律规定。(2015 年《南方日报》)

(89) 宝贝到室外玩耍或郊游,驱蚊手环一戴,爬高上低随他去,蚊子自然不敢靠近。(2015 年《齐鲁晚报》)

上述三例,"提速降费不敢理直气壮""把技术转化成生产力不敢去做""蚊子不敢靠近"都是客观地陈述该动作行为的不合适、不可能,不涉及说话人主观情感的介入。当然,即使"不敢"前的主语是具有施事性的有生主语,整个句子的情态还是倾向于客观陈述,句子的主观性特征还是较弱,这在兼语句中表现较为明显。例如:

(90) 这个问题曾经长久地困扰着我,令我不敢轻易下笔。(新浪收藏 2015 - 06 - 17)

(91) 我的妈妈爱静静地看书,那种安静让我不敢打扰,于是,很小的时候,我便搬个板凳坐在妈妈身边,也学着她的样子看书,渐渐地,我也爱上了读书。(2015 年《楚天金报》)

上述两例,都是表达"这个问题、妈妈爱静静地看书"促使我不能进行"下笔、打扰"的动作,都是强调外部环境对"我"的影响,整个句子仍然是近乎客观地直陈,主观性特征仍不是很强。

如上所述,"岂敢"的否定功能是由反问推理出来的,而反问句在表达功能上是一种彰显主观性的句类,是说话人以疑问的形式表达否定态度而采取的交际策略,因而"岂敢"不仅可以表达主观性,还可以表达交互主观性,其主语也由句法主语发展为言者主语,其在情态特征上属于道义情态。例如:

> (92) 柳生这一路过来,居然未卖出一张字画,常常忍饥挨饿。小姐昔日所赠的纹银已经剩余不多,柳生岂敢随便花用。(余华《古典爱情》)
> (93) 黄药师首先叫好,说道:"东邪西狂,一老一少,咱两个正是一对儿。"杨过道:"想小子年幼,岂敢和各位前辈比肩。"(金庸《神雕侠侣》)

例(92)"岂敢"的主语为"柳生",句子的主观性在于强调"随便花用"的不适宜、不恰当;例(93)的主语是言者"杨过",句子的主观性除了强调不合适"和各位前辈比肩",此外还可以表达言者"杨过"出于对"各位前辈"的尊敬、仰慕等主观情感而采用"岂敢"表达交互主观性。综上所述,由反问形式而来的"岂敢"就主观性特征与情态来说,与"不敢"差异较大,"岂敢"具有主观性特征,可以表达交互主观性,属于道义情态,而陈述形式的"不敢"以表达客观性为主,主观性较弱,属于动力情态。

4.4 语体分布分化

"岂"与"不"性质不同,导致"岂敢"与"不敢"在语体分布上存在一些细微的差异。"岂"是古代汉语保留在现代汉语中的疑问语素,导致"岂敢"仍具有较强的文言色彩,不宜常在现代汉语口语中出现。我们以金庸的几部文学作品为参照,发现"岂敢"在语体特征上都表现出典雅与文气的特点。例如:

> (94) 那白衣僧人道:"神僧二字,愧不敢当。老衲正是少林空见。"我道:"在下跟大师素不相识,何故相戏?"空见说道:"老衲岂敢戏弄居士?请问居士,此刻欲往何处?"(金庸《倚天屠龙记》)
> (95) 乌老大喘气骂道:"臭和尚,开……开什么玩笑? 快……快……一刀将我杀了。你奶奶的!"虚竹道:"小僧岂敢和前辈开玩笑? 不过,不过……"(金庸《天龙八部》)
> (96) 在下区区一人,武功低微,岂敢与贵教的绝艺相敌? 请各位放还在下携来的孩儿,引见贵教掌教真人和丘真人。(金庸《神雕侠侣》)
> (97) 陈家洛道:"仁兄惠然肯来,幸何如之!"乾隆道:"兄台相招,岂敢不来?"(金庸《书剑恩仇录》)

上述四句中"岂敢"就表达效果上都具有典雅的修辞效果,具有一定的修辞效果,并且在口语中很少出现。其实不仅仅是"岂敢",我们发现"岂X"词族都具有典雅的色彩,如"岂但、岂非、岂可、岂止、岂知、岂料"等,这与"岂"文言语素的性质不无关系。

"不"已为现代汉语中口语化程度较高的否定副词,不仅可以在句法层面表示否定,还可以单独用作应答语,还可以重复使用,表示多种篇章功能(刘洋,2015),这就使得"不敢"在语体上多出现在通用语体中,即既可以出现在书面语体中,也可以出现在口语语体中,就表达效果看,具有通俗浅白的特点。例如:

(98)王治郅还在 CBA(中国男子篮球职业联赛)的时候,我就不会这么说;也许我心里面曾经比较过我俩,但这种事不敢肯定。(姚明《我的世界我的梦》)

(99)第一天晚上看银河,我都不敢相信自己的眼睛,因为只有小的时候,在北京天文馆里,我才看到过那般繁星闪烁的天河。(土一族《从普通女孩到银行家》)

(100)然而李立群还是非常犹豫地说:"我不敢,我怕把你的这个事情搞砸了,我没有这个专业。"(新浪娱乐 2013-10-28)

(101)阿淘吃惊地望着我,继而又哭起来,眼泪汪汪地说:"爸爸,我不敢。"(2015年《中国日报》)

前两例出现在书面语体中,后两例为口语语料。无论是书面还是口语,陈述式的"不敢"都表意明确,不需要经过推理,理解阻力较小。当然,在表达谦虚、客套,传递礼貌时,口语中"岂敢"与"不敢"的叠用式"岂敢岂敢"与"不敢不敢"还具有很多共性特征。

第五章 "讵料"的关联化及其相关问题

降格否定为句法上黏着、语义上不全、语用上兼具委婉情态的否定。近年来，关于降格否定已有相关研究成果，如蒋华（2011），郭中、陈昱钰（2013）等。但关于降格否定仍然还有一些问题需要进一步研究。现代汉语中"遑、岂、讵、独、其"等都是从反问发展到否定的，是逐渐从句法层面进入到词法层面的语素。

1. 篇章分布与共现连用

"讵料"既可以出现在句子层面中，充当句子谓语成分，也可以出现在篇章层面中，充当连接成分，连接分句、句子和语段；既可以表示语用否定功能，也可以表示篇章衔接功能。就其与篇章中其他成分共现连用而言，可以和各种表达意外功能的成分配合使用、协同出现，如"却、竟然、忽然、骤然、蓦然"等。

1.1 语用否定

"讵料"可以出现在单句内，作句子谓语成分，其所支配的宾语为谓词性宾语或者小句宾，不能直接带体词作宾语，其主语为意念上的主语，即言者主语。其否定是反问经由语用推理而来的，是对句子成立条件的适宜性的否定，属于语用否定。如：

(1) 赵伯上周二(19日)与妻子饮早茶后，带着一樽清水、一个面包，自行乘巴士到屯门宝田邨，打算经菠萝山前往下白泥，讵料在山中迷路，直至当日下午，才迷糊间走到西边的龙鼓滩村，有好心司机让赵伯乘坐顺风车往屯门市区，不料赵伯却再度上山。（中国新闻网 2014 - 08 - 27）

(2) 由于时间太仓促，两人相约返港后再聚，临别前，只轻轻一抱，讵料已成永别。（中国新闻网 2010 - 09 - 03）

(3) 消息称，由于黄妇的69岁母亲连日无法与女儿及女婿联络，感到担心，遂于昨天下午2时许登门造访，讵料结发夫妇已双双殉情共赴黄泉。（中国新闻网 2014 - 09 - 02）

上述三例，"讵料"为动词，相当于"没想到"，其主语并不是句子所在的句法主语，而是言者主语或说话人。言者主语是在语言的主观性研究过程当中提出的一

个概念,主观性是指语言的这样一种特性,说话人在说出一段话的同时表明自己对
这段话的立场、态度和感情,从而在话语中留下自我的印记(沈家煊,2001)。也就
是说,一个语句除了其表达的命题意义外,还可能包含说话者以各种方式表达的对
句子命题意义的主观认识或态度。如果这种主观认识和态度的表达者没有在句子
中以语法主语的形式出现,那么它就成了句外的所谓"言者主语"。从这一意义上
说,言者主语是相对于语法主语(也叫句子主语)而存在的一个概念(李湘,2007)。
这里所说的语法主语或句子主语都是指语言表达的客观世界中,句子动词所表示
的动作的具体实施者。

1.2　篇章衔接

"讵料"篇章内所能连接的语言单位可以概括为: 连接前后分句组成复句、连
接前后句子组成句群、连接前后语段组成段落,且前后项多为转折性的语义关
系。如:

1.2.1　连接前后分句组成复句

(4) 云清禅师是个妙手华佗,曾治好无数百姓,因此得了妙手菩萨的称号,而
　　 且庙中观音灵验无比,几乎是有求必应。她一听便心动了,带着侍女微服
　　 出宫,悄悄来到了云水庵,讵料云清禅师采药未归,她求医不遇,自是失望
　　 至极。(裴意《劫情泪》)

(5) 这种难以容忍的纠纷,尽管家家都不肯外扬,您若是能窥透就会发现,几
　　 乎在所有的家庭里,难以治愈的深深创伤在削弱着骨肉之情:或是由于性
　　 格相投,彼此具有真挚而笃深的感情,本来可以天长地久,讵料一方早逝,
　　 给活在世上的一方以沉重的打击,造成终生不能平复的创伤。(巴尔扎克
　　 《幽谷百合》)

(6) 澳洲一名男子早前携带价值 8 万美元的航拍机到内陆地区,打算进行为
　　 期两日的地图绘制工作,讵料航拍机入侵了澳洲最大猛禽、一只楔尾雕的
　　 领空而"遇袭",最终失控坠毁。(搜狐网 2018 - 09 - 07)

1.2.2　连接前后句子组成句群

(7) 他满以为即使此招未能击中黑气中的麒麟魔将,也必能占得先机。讵料
　　 就在他把混浊浓烈的黑色魔气轰散之后,他始知自己错了! 而且是大错
　　 特错! (黄玉郎《天子外传》)

(8) 餐馆不仅大,还挺豪华,位置又在旺街,黄炳旺感觉是上了新的台阶,脸上
　　 有光,劲头十足,一身本领大可施展了。讵料台面上叫得响,好看,私底下

却是大有大的难处,合作有合作的掣肘。(2012年《温州日报》)

(9) 我族世祖清献公,系属南宋后裔,居官清正,持家整肃,家谱有居家格言,家祠有规条九例,千余年来,裔孙遵守,未尝败坏。历朝御赐文联,地方官吏春秋致祭,即民国前大总统、总理亦赠匾对,荣幸何似!讵料四女绮霞,近为自由平等所惑,竟自私奔,不知去向。(纳米《世纪之恋:张学良与赵一荻》)

1.2.3 连接前后语段组成段落

(10) 昨日清晨六时许,她疑酒醉不适,报警召救护车要求送院,在救护员到场时,突然要求送往跑马地山村道二至四号养和医院,救护员闻言照办,开车前往该院。

讵料抵达医院后,该女子醉态毕露言行失常,下车后拒绝进入医院,且发恶辱骂救护员,更将救护车左边倒后镜拗断,救护员制止无果唯有报警求助。(中国新闻网 2010-05-13)

(11) 马返铺后发现女工被辞,夫妇再度争吵,醋妻致电儿子前来"评理"。儿子赶到拉父亲到一旁倾谈后,父母一度和解。

讵料至下午2时许,马妻旧事重提指骂丈夫:"肯定同她有路!"夫妇再度争吵,更惹来街坊驻足围观。(中国新闻网 2010-07-30)

(12) 1941年在重庆,由进步剧作家马彦祥编剧,著名影星兼话剧演员英茵主演的话剧《海上春秋》演出后,轰动了整个山城,英茵也赢得了很高的荣誉。

讵料,正在英茵演艺生涯处于顶峰时期,她忽然从重庆消失了,悄悄地去了上海。(1994年《报刊精选》)

"讵料"所连接的语言单位有分句、句子和语段。我们发现,无论"讵料"所连接的前后两个语言单位是分句与分句、句与句还是语段与语段,"讵料"只能位于转折后项的开头。检索语料发现,"讵料"处于篇章中的分布已经远远多于单句内分布,这表明"讵料"除了表达概念功能之外,其句法功能已经扩展,逐渐具有了表达意外情态的篇章转折功能。

1.3 协同共现

"意外"属于句子层面而非小句的功能,并非小句结构中的必有成分,但是表现惊讶的形式,可以在各个层次体现,如专门表示惊讶的语素、词汇、句法结构与话语标记等等(王健2013)。"讵料"其为表达意外态的篇章转折功能的一种词汇形式,这种特定的表达功能使其可以和各种表达意外功能的成分配合使用、协同出现,具体主要有表意外功能的转折连词"却、而",评注性副词"竟然、竟",和时间联系紧密的情状副词"忽然",描摹性副词"骤然、蓦然",频率副词"又"或者是形容词"突然"等。例如:

(13) 赖男与原配育 2 子,大学时相识、相恋,讵料却爱上理财规划银行专员。赖妻前年从丈夫手机通讯软件对话发现奸情,才知早已暗通款曲 6 年。(东南网 2013 - 12 - 27)

(14) 一念及此,凤舞圩是端着那碗剑刚煎好的药,朝小五的房门步去,她想看看小五是否就在房内。讵料当推开小五房门的时候,她赫然发现,小五的房内竟然有……凤舞并没有在房内发现小五。(马荣成《九天箭神》)

(15) 怪人怪叫一声,吸力斗地暴增逾倍,程悔一惊之下,忙把功力运至顶峰抗衡。讵料就在此刻,洞中吸力骤然消失,程悔运功正剧,内力无处宣泄,反荡回体内,弄得程悔体内经脉大乱。(黄玉郎《天子外传》)

(16) 这是一个她多么熟悉的温柔声音! 这是一个她在多年午夜梦回,都忘不了的亲密声音! 她以为自己这生也无法再等到幸福,讵料,幸福却突然回来了!(马荣成《再见无名》)

(17) 三人欲避众目,他们向下游走了一段才施展轻功踏水过河。到了对岸就是山区,用目力没有办法,全凭着耳朵察动静,追到一座崖下,讵料又有一条尸体发现,甚至也是老人。(秋梦痕《勇者无敌》)

上述如"却、竟然、骤然、突然、又"等这些表意外功能的词汇形式,其在语义上主要表示事物发展正好与主观愿望相反或与实际情况相反,因此在篇章中相互配合使用,频率副词"又"与"讵料"配合使用,可以加强意外转折的色彩。配合使用可以分为两类:一类是呼应配合,一类是协同配合。呼应配合就是语义相关的词语前后呼应,相互配合。协同配合就是把词义相近的词语联合共现,协同使用(张谊生,2014a)。

2. 语义性质与表达功能

"讵料"其篇章中出现的句法环境大多为转折复句,少数也出现在表转折性的语段中,表达事物发展与主观愿望相背离,或者是意想不到的结果,具有表达意外态的功能。所谓"意外"(mirativity),是语言中关于"出乎意料"的信息,以及表达说话人对有关信息感到"惊讶(surprise)"的语气系统的研究,指这一信息与自己先前的预期不同,并且相差极大(王健,2013)。"讵料"是经反问发展而来表达否定功能,其语义性质为语用义,在转折复句中的功能主要表现有四:表达意外语义、显豁焦点信息、流露元语功能以及体现主观性特征。

2.1　表达意外语义

"讵料"的主要语义功能为表达意外态,其篇章前分句或者前语段成分叙述一个命题,该命题存在一个预设 A(常情或预料),说话者依据这个预设推测将要发生 B,然而事实上 B 并未发生,而是出现了后分句的结果 C,C 在说话者看来违背命题存的预设 A,出乎说话人的预料。这种意外语义表现在两个方面:客观事理逻辑的转折与主观意念的转折。

2.1.1　客观事理逻辑的转折

事理的发展有其时间的推进性,事理在逻辑进展上的转变会影响转折语义的形成,如果事理在逻辑进展上朝向 B,事实也是如此,则没有意外;事理在逻辑进展上朝向 B,事实却朝向 C,则意外生成。如:

(18) 亲友说,阿才在地盘负责地基工作,亦是领班,日薪约 1 000 元(港币,下同),……因生活担子很重,阿才经常要加班,并一直盼望轮候公屋改善生活,讵料突遇横祸身亡,遗下孤寡顿失所依。(中国新闻网 2014 - 12 - 09)

(19) 今年因伦敦举行奥运会,……,离港前更交代钟点工人定时上门清洁。昨晨 9 时许,61 岁马姓钟点女工如常上门清洁,讵料入屋赫然发现一片凌乱,相信单位已遭贼人潜入爆窃,立即通知户主公司的职员报警。(中国新闻网 2012 - 07 - 31)

通过"努力工作、加班"来改善生活是社会客观事理,例(18)前分句依据预设"经常加班"可以预测"阿才的生活会逐渐改善",后分句出现了"横祸身亡"出人意料的结果;"定时上门清洁,房屋也不会凌乱"也是常识,例(19)"一片凌乱、遭贼人潜入爆窃"等状态也是完全出乎意料,违反客观事理的。

2.1.2　主观意念的转折

主观意念的转折不同于客观事理逻辑的转折,它更加强调事物发展与言语主体本来预想的不一样,违背了言语主体的预期,因而具有主观性。如:

(20) 它们真是我的忠仆,我的护卫。讵料它们居心不良,渐渐变坏。起初,有时还替我服务,为我造福,而有时对我虐害,使我苦痛。到后来它们作恶太多,个个变坏,吊儿郎当,根本没有替我服务、为我造福的能力。(丰子恺《口中剿匪记》)

(21) 谢长廷原想借访美为选情加分,讵料竟然掀开了潘多拉魔盒。(中国新闻网 2007 - 07 - 27)

例(20)根据"忠仆、护卫"可以推测"它们"对"我"是有积极作用的,事实上后分句"居心不良,渐渐变坏,个个变坏,吊儿郎当"完全出乎"我"的意料;例(21)前分句表明谢长廷想通过访美来为选情加分,后分句"掀开了潘多拉魔盒"也是出乎预料的,"竟然"的出现使得意外表现得更为明显,为表"意外态"的语气副词(刘慧,2010)。

2.2   显豁焦点信息

"讵料"连接的篇章前后成分,其信息分布具有差异。显豁焦点是指"讵料"连接的后项单位是语义的焦点所在。句子从信息结构角度看,可分为旧信息和新信息,旧信息是已知信息,新信息是未知信息,新信息的重点通常称为焦点。韩礼德(Halliday,1976)认为焦点反映新信息,范开泰(1985)指出"焦点是心理重音所表示的交际上的兴趣中心。"刘丹青、徐烈炯(1998)认为"焦点是一个语用性的话语功能概念,是说话人最想让听话人注意而强调的部分。"范晓(2003)等指出"焦点是指句子所表达的信息中着重说明的部分或者发话人有意强调的部分,属于语用平面。发话人对各种信息的态度不一样,有的是强调说明的信息,有的是为受话人理解这个要着意强调说明的部分作的铺垫信息,前者称之为焦点,后者称之为背景。"在语篇中,"讵料"显豁焦点信息主要是通过后项所关联的篇章信息与前项信息对比体现出来的,体现为意想不到的转折语义、出乎意料的变故后果。

2.2.1   意想不到的转折语义

(22) 陈英武又去涉猎香港股市,大手笔买进人人看好的一只股票,讵料这只股票后来一蹶不振,让他鼓鼓的钱囊打了水漂。(2011年《温州都市报》)

(23) 二则董振堂一向以善打恶仗、硬仗而闻名,讵料形势发生变化,敌我力量悬殊,"战死错路",英雄遗恨,也使幸存者每每扼腕沾襟。(中国共产党新闻网 2012 - 05 - 23)

这两例侧重事件发展的转折关系,例(22)原本是人人看好的一只股票,后来却一蹶不振;例(23)原本善打恶仗、硬仗,可惜形势发生变化也只能英雄遗恨。

2.2.2   出乎意料的变故后果

(24) 母亲对儿子只顾玩乐感到不满,上前薄责劝阻,期间用手轻力扫拨儿子头部,讵料少年为扫拨头发动作雷霆大发,突然情绪激动,竟向母亲脸部飨以重拳,然后懒望一眼即夺门而出。母亲被殴至流鼻血满眼金星,失

平衡跌倒后脑撼地昏迷。(中国新闻网 2010 - 08 - 11)

(25) 事主因自己年迈无力照顾母亲,把她送进牛皮沙新村附近一间护老院居住,他定期前往探望以表孝心,讵料昨日探母竟遇横祸。(中国新闻网 2010 - 08 - 17)

这两例侧重事件发展的后果。例(24)母亲劝阻儿子却被儿子殴打至流鼻血满眼金星。例(25)探望母亲却遭遇横祸。"讵料"具有标记篇章信息焦点的功能,其所标记的信息焦点就是其所连接的下文中与上文相对相反的那个信息点。当然,意想不到的转折语义与出乎意料的变故后果二者是相关的,并不是截然分立、界限分明的,只是观察的角度、侧重的方面不同,前者侧重前后项的转折关系,而后者侧重事物发展造成的后果。

2.3 流露元语功能

"讵料"用于句子层面的语用情态的否定,表达语用否定功能。如:

(26) 说的是某市体委一位颇具才干的副主任,平时爱喝豆浆。讵料这一极其平常的嗜好,竟被一个别有用心的女人利用。(1994 年《人民日报》)

(27) 老夫满腹话欲与贤弟倾吐,讵料伯母仙逝,贤弟已回湘上,奈何!(新浪博客 2010 - 10 - 09)

(28) 程绝虽身受重伤,双臂麻酸,但轻功仍是快绝。讵料他走不出一丈,已感到背后有一股气劲如洪涛般压至。(黄玉郎《天子外传》)

(29) 鲍叔德早已将生死置之度外,于是又伏到他背上。百里超整理随身物件之后,立即向水中一跳,讵料他竟露出半身在水面,顺着流水就想前进,但流了一段之后,他忽又跳上岸道:"阿德,你在这儿等一会,我马上就来。"(秋梦痕《勇者无敌》)

"讵料"在语法化的过程中,也逐渐发展出了人际功能和语篇功能等元语功能的用法,但是其语篇功能要强于人际功能。张谊生(2004)对元语理论作了详细的介绍,并结合元语言理论对汉语副词的元语性用法作了系统的阐释,并认为元语言基本作用主要为标记话题结构、组织会话话轮、评价命题论点、沟通交际渠道。言语交际中的话语都包括两个层面:基本话语和元话语。基本话语传达的是话题的命题信息,元话语告诉听话人如何理解、评述关于话题的命题信息,由主观态度、人际意义和篇章意义等组成。"讵料"除了表达否定的基本话语功能外,还具备评价命题论点、组织会话话轮等元语(meta-language)功能的用法,这在其作衔接成分时更为明显。如:

(30) 他们转到一座门前，鲍叔德推门而入，讵料里面竟坐着宏元真人！鲍叔
德不以为异，百里超却是大大一愕。（秋梦痕《勇者无敌》）

(31) 卓无忧眼见只余三丈的距离，当下打算两三个起落纵跃过去，他再深吸
一口气，忍着不吐，双脚便要使力向前纵去。讵料就在他要发力的一刻，
天上霹地响起了一个惊天狂雷，声响之巨，震得山鸣谷应，草木摇撼。
（黄玉郎《天子外传》）

(32) 长相甜美、个性乐观的方羚，大学毕业后返回家乡台东，担任公所雇员，4
年前打算与交往5年的男友步入礼堂。讵料，方羚出差时在下榻饭店，
因起个大早，迷迷糊糊从2楼楼梯摔落1楼地面，胸椎受创导致双脚失
去知觉。（华夏经纬网2014-02-17）

(33) 在那令人焦急的日日夜夜里，急切地盼望着、期待着，期待老帅能够战胜
病魔，早日康复。讵料，9月21日清晨传来徐帅与世长辞的噩耗，我急忙
赶到医院，向这位伟大的无产阶级革命家、军事家，向我尊敬的导师作最
后的告别。（1990年《人民日报》）

上面例句分别代表"讵料"不同的语法化方向，篇章功能强化使其发展为转折连
词（详见下文），具有转换话轮的作用，如例（32）、例（33）。例（30）和例（31）除了表达
意外的情感外，还具备在篇章中连接句与句之间的转承关系，使得会话得以顺利进行
的作用；例（32）和例（33）的"讵料"作为衔接成分，除了表达说话人出乎意料的想法、
愿望、情感等之外，还可以在篇章中连接句与句之间的转承关系，关联功能逐渐强化。
当然，篇章功能和人际功能两方面也并不是泾渭分明、毫无关系的，它们只是一个问题
的两个方面，篇章功能是就"讵料"的话语连贯性和衔接性来说的，而人际功能是就"讵
料"的主观评议性和意外性来说的。人际功能存在于篇章之中，篇章体现出人际功能。

2.4　表达意外性特征

"讵料"主要的语义功能为表达意外态信息，具体说是事物的发展与人的预期
出现较大的差距，是预料之外的另一种结果，其后分句的情感色彩常常为不如意、
消极，体现为意想不到的转折语义与出乎意料的变故后果，这两者都涉及主观意外
性评价的人际功能，与主观性表达息息相关。"主观性"是指语言的这样一种特性，
即在话语中多多少少总是含有说话人"自我"的表现成分。也就是说，说话人在说
出一段话的同时表明自己对这段话的立场、态度和感情，从而在话语中留下自我的
印记（沈家煊，2001）。例如：

(34) 在工地负责人的同意下，李明利驾驶一辆双排座汽车就去帮助冯勇拉保

护站的车。晚上他的车没有回来,工地也没有派人去找,直到第二天出事。(2002 年《新闻晚报》)

(35)黄早前因喉咙问题曾入院动手术,获公司批准一个月有薪病假,至 19 日才销假复工。由于公司担心他太操劳,故尚未指派太多工作,讵料翌日出事。(人民网 2013 - 11 - 21)

在实际的交际活动中,说话者/作者通过说或写向听话者/读者传达了两种意义:一种是话语本身所承载的意义,即是对客观世界各种关系的反映,属于基语言层面;一种是说话者/作者对所传达的内容的主观评价,即是对客观世界的主观反映,属于元语言层面。前一种的语言具有客观性,后一种的语言则具有主观性。同样是对"第二天出事"的叙述,前句则为客观的陈述,不具备主观性;后句强调"翌日出事"的意外性,具有主观评价特征。再如:

(36)蒙城县的 16 岁姑娘孙某因为与家人吵架,独自一人在外散心,遇上一名男子。男子趁机哄骗,……,男子还残忍地将女孩扔进田地的机井内,盖上盖子,但受伤的女孩成功逃脱出来。(中安在线 2013 - 10 - 11)

(37)吴姓女子透露,当时在太和站对出的汉家路等候刚提出分手的前男友,希望能遇上他,亲身"箍煲"要求复合,讵料遇上的竟是一名男子。(中国新闻网 2014 - 04 - 20)

同样都是"遇上一名男子","讵料"的使用与否也体现出主观性的差别。前句是新闻语体中客观陈述事情发展的背景信息,属于基语言层面;后句虽然也是出现在新闻语体中,但"讵料"表现出说话人的主观意外性,属于元语言层面,并且与评注性副词"竟"配合使用,使得主观性特征更加明显。

3. "讵料"的演化模式

"讵料"在语篇中常分布于分句、句子或语段等后项连接成分的前端,具备关联衔接功能。在语义及表达上,具有表达意外语义、显豁焦点信息(体现为意想不到的转折语义、出乎意料的变故后果)、流露元语功能以及体现主观性特征等多种表达功能。而就"讵料"自身来看,其也经历了由偏正短语到动词,动词到转折连词的语法化过程,伴随概念功能逐渐弱化,语篇功能逐渐强化。

3.1 词汇化

"讵料"现已成词,但在诸多语文类词典和虚词词典中均没有收录,仅见于《汉

语大词典》,表示"岂料"。如:

(38) 本来早就要来娶的,因为访得此女不贞,然而还未十分相信,尚待访查清楚,然后行事。讵料渠此次亲身到京,不贞之据已被我拿住。(吴趼人《二十年目睹之怪现状》第七十七回)

(39) 讵料仲夏夕,惊叹巨星陨!伟大革命者,寿终得正寝。(萧三《大家应该看〈历史的教训〉》)

"讵",上古至中古汉语中用作副词,用于谓语前,表示反诘,可译作"难道、怎么"等,有时也写作"巨、渠"。如:

(40) 虽然,尝试言之。庸讵知吾所谓知之非不知邪?庸讵知吾所谓不知之非知邪?(《庄子·齐物论》)

(41) 沛公不先破关中兵,公巨能入乎?(《汉书·高帝纪》)

(42) 殿下处朱门,游紫闼,讵得与山人交邪?(《南史·齐宗室·衡阳元王道度传》)

我们发现,副词"讵"在上古至中古汉语中,常用在反问句中,这种特殊的句法分布为其否定功能的语法化奠定基础。因为反问句的语用含义是言论或行为的不合理,核心语用功能是否定(胡德明,2010)。"讵料"意为"岂料、哪里想到",经语用推理表达否定,即为"没想到、没料到",二者最早的句法共现出现在明清,为状中短语,"讵"作为反问语素修饰"料+宾语"。如:

(43) 讵料此棍借其屋,赚其茶,以为脱布之媒;又还其银,止争银色而许换,谁知防之?(《杜骗新书·脱剥骗》)

(44) 阮郎从娶我入门,情同鱼水,未尝片言相逆,讵料半路相抛,未得相依一语。(《禅真逸史》第三十七回)

上述两句中"讵料"分析为状中短语比较合适,意为"哪里想到",其后还有主语"此棍"出现,后句宾语为"半路相抛"。进一步发展,"讵料"的疑问用法逐渐减少,而表达非疑问的否定用法则逐渐增多,句子的语气功能也发生改变,由表达反问转向表达言者对事态的主观评注,"讵"自身的疑问功能逐渐弱化,"讵料"的词义得到了进一步的黏合与固定,两个成分间的界限消失,即"[讵[料+宾语]]→[[讵料]+[宾语]]",从一个从跨层结构逐渐融合为词法结构的意义与形式固定的词,即从状中短语发展为动词。其次,基于语义积淀,"讵料"其后带谓词性宾语表达意想不到的转折语义、出乎意料的变故后果,使得其作为动词的语法属性逐渐稳固。如:

（45）因与本国棋手女子妙观赌赛，将金五两聘定，诸王殿下尽为证见。讵料事过心变，悔悖前盟。夫妻一世伦常被赖，死不甘伏！（凌蒙初《二刻拍案惊奇》卷二）

（46）莲英为太后梳成新式，较往时髻样尤高。油光脂泽，不亚玄妻。淡淡点缀，已见慈禧后性质。这时改作汉髻，太后尚顾影自怜道："讵料今天到这样地步。"（蔡东藩《清史演义》第九十回）

（47）汪六一既得翠云，大畅心怀，讵料其妻阴氏悍而且醋，以六一娶妾即本村李柜之女，又闻其美，大怒，俟翠云入门，引至内房锁之，不通半线。（田腾蛟《元代野史》第八十八回）

上述三例，"讵料"都后接谓词性成分，甚至是句子成分，"讵料"句法上就更加靠近，逐渐融合为一个形式与意义固定的词。除"讵料"外，"讵"还可以修饰［＋推知义］动词，如"讵知、讵意"。或者修饰表可能或意愿的助动词，如："讵可、讵能、讵敢、讵肯"等，只不过它们都是状中短语，在现代汉语中用频较低，各自的语法化进程也相对较慢，还未成词，还都是句法单位，不是词法单位。

3.2　连词化

进一步细究"讵料"出现的句法环境和表意外的语义特点，其从单句发展到复句，处于连接项的句首位置而连接性功能开始出现，"讵料"逐渐向转折连词发展。由于其处于转折复句或者转折性语段的连接项句首，在这种篇章环境中，紧邻共现的句法环境中使其具备了转折衔接功能，表示下文所发生的事比上文预设的情况更出乎意料，处于常理之外，起到使表层篇章合理有序，使篇章的概念结构和关系结构相互依存、相互关联的衔接连贯作用。如：

（48）黄祐见蓉花遁去，遂命诸妖四维布下天罗，执板驰追。蓉花转身与之力战，黄祐自恃前累获胜，不在意中，讵料蓉花乘隙一剑，已中左膀。黄祐退下，急吞精气数口，又来追逐。（魏文中《绣云阁》）

（49）昨日清晨5时，郑父起床后怀疑儿子躲在房内吸毒，立即叫醒林姓妻子，两人商量后决定大义灭亲报警。
讵料有人得悉父母报警后，情绪激动，反锁睡房并将刀架在颈上，扬言会伤害自己。（人民网2015－04－26）

（50）林外确实立着百里超，他显然是回家不见鲍、包二人才出来乱找的，只见他此际大有回头之意，身已转了过去。讵料刚转身，忽见面前立着一个矮小的凶老人，个子比他还短了两寸。（秋梦痕《勇者无敌》）

不管是客观事理逻辑的转折,还是主观意念的转折,篇章关联功能强化使得"讵料"逐渐发展为转折连词,由带谓词性宾语转为带分句,机制为语境吸收,即吸收复句或者语段的转折关联义。在复句的语篇中,"讵料"作为表意外类的转折连词,处在前后分句的联系项上的位置上,在前后分句中起转折衔接作用。再如:

> (51) 她与家人在寓所打麻将时,取出月饼"应节",讵料叶婆婆吃下月饼后,突然昏迷,未知是否被月饼鲠喉或其他原因酿成意外,家人大惊报警,惟老妇送院抢救不治。(中国新闻网 2010-09-20)
>
> (52) 巩俐坦言十分感激两位男主角哥连法奴与占美霍士,……当时正与演警探的两位演员讲数,讵料门外突然响起阵阵枪声,……虽然她吓到花容失色,但工作人员对她无微不至的照顾,令她十分感动。(中国新闻网 2005-11-01)
>
> (53) 二人再次下水后,从此不复回头。时过半月,讵料他们竟在太湖西洞庭山出现了,真是武林一大奇闻。(秋梦痕《勇者无敌》)

上述三个例句,"讵料"所连接的都是分句,并且位于分句句首位置。"讵料"的连词功能是其篇章衔接功能强化的体现,其从表达概念功能发展到表达语篇功能,用于组织话语,使篇章跟语境结合起来,为的是使该篇章信息的传达更好地被理解。例如:

> (54) 臣大肩自昨晚奉令协同臣慧通、臣褚彪出兵暗劫宋营,讵料宋人早有预备,逐节埋伏。褚彪首先被擒,刻已甘心事未。臣慧通力战宋将,被枪身死。(坑余生《续济公传》)
>
> (55) 当局把逯耀东找去问话,逯直言表示,不管怎样总要让王晓波吃饭、买包烟给他抽吧!讵料当局面孔一沉,竟然说,王晓波要吃饭、抽烟,可以,叫他跪下来向我们申请研究计划经费。(2006年《南方人物周刊》)

"讵料"不管是在复句中,还是在语段中,都不直接涉及命题基本信息的传达,其作用主要是在篇章层面起转折衔接作用,目的是让读者更好地理解篇章所传递的信息。廖秋忠(1992)依据功能和位置把类似于"讵料"这种篇章元话语确定为篇章中的意外连接成分就是这个道理。最后,一些相关因素也与"讵料"的连词化不无关系。"讵料"在语义上是表示意外语义的,预示其后项连接成分是意外信息或者焦点信息,其与转折连接成分"却、但"等相互连用共现也就可以解释,功能上具有兼容性,在长期的共现连用中发生语义感染,"讵料"的转折连词功能也就形成了。例如：

> (56) 她一听便心动了,带着侍女微服出宫,悄悄来到了云水庵,但讵料云清禅
>   师采药未归,她求医不遇,自是失望至极。(裴意《劫情泪》)

> (57) 正读中五的幼女潘晓彤因要应付考试须温习,为免影响2名姊姊休息,
>   连日深宵都留在地下客厅温书,并在沙发上睡觉,讵料却因此无法逃生
>   丧命。(中国新闻网2013-05-27)

"但、却"都已经是成熟的转折连词,"讵料"也具有表达意外的转折功能,语义上的适配性使得二者能够共现,这也间接说明"讵料"连词化逐渐完成。

3.3 关联化

"讵料"的衔接功能是其篇章元话语功能强化的体现。所谓"元话语",是用于组织话语、表达作者观点、涉及读者的一种方法,包括各种连接篇章的手段,是有关基本命题信息的内容以外的话语,体现人际功能,使篇章跟语境结合起来,作者在篇章中所表现的各种语言手段,为的是使该篇章的读者群准确地理解篇章(Hyland & Tse, 2004)。

"讵料"成词后,受"料"[＋料想义]的语义积淀影响,具有高层谓语的用法,表达说话人或言者主语出乎意料的想法、愿望、情感等,是说话人或言者主语对句子命题或语段的主观评议,其并不影响命题真值的传达,处在句子的最外层,因而发展成为一个关联功能之中兼具情态功能的转折性话语标记的用法,其组织语篇的功能主要体现为延续话轮、转换话题。如:

> (58) 在他的想象中,连战比较容易驾驭,便于"垂帘听政",主体性较强的宋楚
>   瑜则必须排除。讵料,李登辉拆散了"连宋配",竟也葬送了国民党在台
>   执政五十五年的政权。(厦门网2008-06-10)

> (59) 当修罗出现在盘龙居,他以为她已经死在修罗手里,心里想着她遭遇过
>   什么凌虐,他就愤怒得无法平静。讵料她不但没死,还在最危险的时候
>   跑回来救了他! (芃羽《夺爱狂龙》)

上述两例,"讵料"位于句子的最外层,除了表达对后面整个命题的意外情态,还具有延续话轮、转换话题的作用。其延续话轮的作用体现在篇章叙述中,"讵料"其后必须出现后续成分,否则该篇章就不是完整的篇章。例(58)和例(59)"讵料"后面都出现新的小句成分,其转换话题的作用体现在"讵料"所在的篇章具有转折义,其前接成分和后接成分语义上是对一个大的话题从两个相反的方面进行论述

的,具有转折意外性,而"讵料"则将语义重心转移到后接成分中,明示后接成分是焦点信息。例(58)拆散"连宋配",葬送了国民党的执政权相对于前接成分是焦点信息。再如:

> (60) 陈菊在五月登陆,为高雄世运向北京示好,将一场世运办得风风光光;讵料,三个月后,陈菊竟邀访达赖,被大陆方面指为"包藏祸心"。(华夏经纬网 2009 - 09 - 07)

> (61) 我三十六岁时,与著名国画家马万里结婚,婚后美满幸福。讵料,1958 年2 月,我突然被捕,罪名有二:一、肃亲王的女儿;二、日本大特务川岛芳子的胞妹。(人民网 2011 - 08 - 12)

例(60)"讵料"首先起到延续话轮的作用,使上下文顺利铺展,其次前分句"向北京示好",后分句"邀访达赖",前后反差极大,这种话题的切换借助于"讵料"来完成。例(61)也是如此。这种关联标记功能是其元语性质的体现,其重在组织会话话轮、评价命题观点、沟通交际渠道,给听话人的理解指明方向,标示其后是焦点信息。

4. "讵料"与"不料"对比分析

关于"不料",诸多词典观点不一,但都集中在词性判断上。以《现代汉语八百词》(增订本)和《现代汉语词典》(第六版)为例,前者解释为动词,表示没想到,无主动词,意念上的主语是说话人。前一小句说明原先的情况或想法,后边的小句表示转折,常用副词"却、竟、还、仍、倒"等呼应。后者解释为连词,"没想到;没有预先料到",用在后半句的开头,表示转折,常用"却、竟、还、倒"等呼应。我们发现对"不料"的语义和功能,观点基本一致,但其词性归属产生分歧。我们认为"不料"是一个处于动词向连词语法化的连续统中[①],辛慧(2010)把"不料""没想到""岂料""岂知""谁知""哪知"等确定为篇章中的意外类连接成分,是作为连词看待的。

在语义功能上,"不料"后接分句的语义较之于前分句具有转折性或者对比性,即后分句表示事件发生与前分句具有较大相反的差距,表现为一种逆转关系,或者是表示前后分句对比的语义关系。在表达上,后分句往往也是消极的、不如意的或不好的。这与"讵料"基本相似,二者有时可以互换。如:

> (62) 涉嫌干犯在禁止停车区域停车条例,遂上前将该辆的士截停,并要求司

---

① 关于"不料"的语法化过程,请参看辛慧(2010)。

机出示身份证及驾驶执照欲进行检控,讵料(≈不料)当警员站在车旁等候司机交出证件之际,有人突然开车企图逃走。(中国新闻网 2015 - 05 - 03)

(63)　本次由总教练、教练、口译人员及 37 名队员共同参加举办了 3 月 23 日至 26 日的友谊赛,不料(≈讵料)却发生了扒窃事件。(环球网 2015 - 04 - 16)

但"讵料"和"不料"在否定层面、范畴层次以及语体分布等方面还存在许多差异。

4.1　否定层面

"讵料"是句子层面的语用否定,不能进入句法-语义层面,"不料"是语义否定,除了出现在篇章层面,还可以用在静态的句法层面。如:

(64)　为了照顾外孙女,上海父母赴加拿大探望移民的女儿,不料(≈讵料)老父突然病倒,由于未有购买足够的旅游医疗保险,现今反为女儿带来了噩梦!(中国新闻网 2015 - 05 - 11)

(65)　早在一个月前发现了这个问题,我们正准备维修时不料(≠讵料)倒塌。(2007 年《中国经济时报》)

(66)　两辆消防车停在该栋大楼下,8 楼的窗户冒出滚滚黑烟。随后消防员带好设备上楼灭火,不料(≠讵料)失火房屋大门紧锁,而且屋主并不在屋内。(金羊网 2008 - 06 - 19)

这是因为"讵"是个副素,"讵料"多用于表示反问,其否定是通过反问积淀的,现在还只能用于语用情态的否定,而"不料"含有否定语素"不",本来就是由句法层面扩展到语用篇章层面的(张谊生,2015)。

其次,这也与二者语法化的程度不无关系,"讵"为副素,现代汉语中为黏着语素,"讵料"虽然明清时期才组合并逐渐成词,但是其语法化为转折连词后,这一功能变得强势,使用频率较高,主观性较强,具备人际功能和篇章功能,成为一个元话语成分。所以在现代汉语中,"讵料"很难进入句法语义层面,而是一个语用性质的否定,处于动态的句子层面,其动词用法反倒不多了。而"不料"从短语到连词的语法化过程中,其仍然保留了动词和连词两种用法,即"不料"为基语言成分和元语言成分两种身份,作为基语言成分,其为动词,可作谓语,活跃在句法语义层面,不可以和"讵料"互换;作为元语言成分,其为连词,只能在篇章中发挥作用,此时可以和"讵料"互换。再如:

(67) 我竟不料(≠讵料)在这里意外的遇见朋友了，——假如他现在还许我称他为朋友。(鲁迅《在酒楼上》)

(68) 侯孝贤，广东梅县人，1948 年，不满周岁的侯孝贤随家迁往台湾花莲，本来打算客居一段时间，却不料(≠讵料)世事难料，重返故土变成了一个遥远的梦。(丁亚平《中国当代电影史》)

(69) "我这个箱子真的很牢。"为了证明这一点，他抬起脚往箱子上踢了两下，不料(≈讵料)，这一踢，他立马傻眼了。(2015 年《钱江晚报》)

(70) 这目光是那样逼人，致使王流子恐怖地向后退去。不料(≈讵料)，后面是个坑，王流子噗嗵一声，摔了个仰脸朝天。(冯德英《苦菜花》)

例(67)、例(68)中"不料"是基语言，作谓语，不可以和"讵料"互换。例(69)、例(70)中"不料"是元语言，是连词，是在句子更高层次起转折作用，可以与"讵料"互换使用。

4.2　范畴层次

"意外三角"(mirative triangle)开始被学界研究，以意外范畴为核心，联系着三个重要的语法范畴：感叹、疑问和否定，称之为"意外三角"(杜克华，2015)。如下：

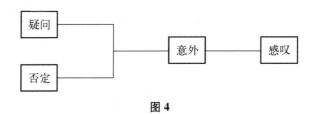

图 4

在具体的语言中，意外一般蕴含疑问、否定、感叹，句子体现的主要功能可能是疑问、否定、感叹中的一种，原本三个功能相对独立的范畴系统，通过意外范畴这个连接点，形成了一个特殊的"三角"系统。"讵料"处于这个意外三角中，其分别联系着疑问、否定、感叹三个范畴，就其来源来看，"讵"为副素，上古至中古汉语中用作副词，用于谓语前，表示反诘，"讵料"表达的否定是反问经语用推理形成的，就其语义功能来看，主要是表达意外语义、显豁焦点信息，就其所在句法环境的表达特征来看，主要是表达感叹的，感叹的形成是由意外导致的。例如：

(71) 死者沈冰莲是仁保县马身德兴餐厅东主沈志光的亲人，曾经数次到大马探亲及旅游，讵料这次抵步不到 4 小时，竟遇上死亡车祸。(中国新闻网 2013－09－06)

（72）昨晨 7 时许,张洁慈疑趁往银行上班前抽空抹窗,讵料抹窗时不慎失足跌出窗外,直堕 26 层至地面。(中国新闻网 2012 - 08 - 29)

（73）当修罗出现在盘龙居,他以为她已死在修罗手里,心里想着她遭遇过什么凌虐,他就愤怒得无法平静。讵料她不但没死,还在最危险的时候跑回来救了他!(尢羽《夺爱狂龙》)

上述三例,"讵料"表达事件发生的突然性,出乎意料,不在预料之中;就其语气和情感来看,体现出对死者的惋惜之情,感叹生命无常,对"她"没死也表示意外,如例(73)。

而"不料"并不处于意外三角中,只分别联系着否定和感叹两个范畴。就其来源看,其是与否定语素"不"组合,并经历语法化过程由句法层面发展到词法层面;就其表达功能来看,也是表达感叹。但"不料"就其来源看,没有经过反问到否定的过程,即"不料"并不联系意外三角中的疑问范畴。如:

（74）本首相鸠山由纪夫上月初与民众烧烤时穿上五彩花格子恤衫,却未能提升人气,衣着品味更遭到美、日媒体嘲讽。不料,一名在丹麦读书的 26 岁华裔学生 Michael Yang(译音姓杨)与同学却认为,鸠山够大胆,封他为"时装英雄"。(人民网 2010 - 05 - 27)

（75）无法断定究竟是驾驶错误而发生事故,还是他们两人一起相约自杀。可以了解到,两人是恋人关系。郭姓女实习生的实习期限将到,不料遇此不幸,令人扼腕叹息。(中国青田网 2007 - 11 - 22)

例(74)通过所连接前后句子语义的对比关系表达出乎意料之意,前句表达鸠山由纪夫人气低、没有衣着品味,后句却表达鸠山够大胆、时装英雄。表达上,流露出华裔学生对鸠山着装的赞赏喜爱之情。例(75)除了表达不在预料之中的意外语义外,还有表达对两位年轻人生命逝去的叹息之情。

4.3　语体分布

朱德熙(1987)在论述汉语语法研究的对象时曾经提出,目前专门研究口语的语法著作不多见,专门研究书面语的书更是绝无仅有。为了使现代汉语语法研究深入下去,恐怕应该对口语语法和书面语语法分别进行细致的研究。陶红印(1999)也指出只作口语和书面语的划分还是很粗略的。王德春、陈瑞端(2000)认为首先应分谈话语体和书卷语体,书卷语体再分为艺术语体和实用语体,实用语体再分为科学语体、事务语体、报道语体和政论语体。我们发现"讵料"与"不料"虽然都可以出现在艺术语体、科学语体和报道语体中,但在出现频率、修辞作用等方面存在一些细微的差异。如：

(76) 南宫明与程玉蓴结缡之后，女貌郎才，相爱无间，那该是一桩琴瑟和谐，白头偕老的婚姻了。讵料，情天多变，就在南宫明击败天下英雄，赢得武林第一家的荣衔之后，一个年轻女子，插足于南宫夫妇之间了。（卧龙生《素手劫》）

(77) 全妃半卧在香榻上，却没有一丝儿困意，孝慎皇后终于去了，满以为稳操胜券。不料，静妃偏偏生下龙子，成为自己强有力的竞争对手。（金景坤《道光皇帝》）

我们在北京语言大学语料库（BCC 语料库）中分别以文学、报刊、科技检索"讵料"与"不料"，得到各自出现频率和所占比例，如下表：

表 2 "讵料"与"不料"的语体用频

	文 学	报 刊	科 技	所占比
"讵料"	970①	129	29	33∶4.4∶1
"不料"	49 370	22 552	4 742	10∶4.8∶1

可见，"不料"在文学、报刊、科技三种语体中出现频率远远高于"讵料"，这与"不"和"讵"两个语素的性质不无关系，"不"已为现代汉语中口语化程度较高的否定副词，不仅可以在句法层面表示否定，还可以单独用作应答语，还可以重复使用，表示多种篇章功能（刘洋，2015），而"讵"为副素，是古代汉语发展到现在成为一个降格语素（或为黏着语素），已经失去了作为词的独立性，更没有篇章功能，其仍然具有较浓重的文言性质，使用的群体大多为受过一定高等教育的人，因而导致了其使用频率不高。

此外，"讵料"与"不料"的差异在修辞上也有体现，表现为庄重与非庄重，文气与非文气的区别，这是因为文言语素在现代汉语中的使用具有一定程度的修辞效果。试比较"颇"与"很"，如：

(78) a 虽然称了心意，可是当时元儿脸上神色颇不好看，知他着恼，未免歉然。（还珠楼主《青城十九侠》）

---

① 数据为粗疏统计，并没有对非本文研究的"讵料"和"不料"进行排除删减；所占比例也为近似值，但都不影响行文结论。

  b "老李！你跟我父亲吵起来了?"马威进门就问,脸上的神气<u>很</u>不好看。

  （老舍《二马》）

  同样都是表程度,ab 两句仍然有细微差异,a 句除了表程度,还具有语用修辞的特点,b 句仅为客观的程度表达。"讵料"与"不料"也是如此,同样都是表意外,具有转折衔接功能,但"讵料"具有修辞性,"不料"没有。例如:

（79）辛威的内功不及对方远甚,全仗着奇器应敌,到底真有点力不从心,两个人各有所长,五十招过后,讵料竟打得彼此难分,高低莫判。（秋梦痕《大盗红魔女》）

（80）常昊一声不吭便御剑出了山,众弟子以为他要去寻一僻静之地潜心修炼,不料竟是一去不复返,被黑山老妖抓了去。（陌上心《奇仙》）

下　编

主观性与语法化研究

第六章 综 述

主观性与客观性相对,绝对的客观性没有意义,因为那种与人无关的自在的客观,都与语言无关,与人的自我意识无关,不会成为人们日常交际的内容,对于人并无价值可言。这反映离开了人的意识的客观实体是没有意义的,周围世界并不是以独立的方式存在,它们总是相对于人并通过人的介入方式而存在。因此,人是一个特殊的存在者,这个存在者不但能够提出"存在"的意义问题,而且也使"存在"的意义显现出来(刘瑾,2009)。换句话说,语言中没有完全绝对的客观性表达,只有主观性上的强弱和功能的差异。主观性表达在汉语中具有十分凸显的地位,汉语中大部分语法形式的建立都与表达主观性相关,汉语中不少语法形式上的对立就是体现客观性与主观性的不同"(董秀芳,2016)。汉语主观性与主观化的研究在过去 20 多年取得了丰硕的研究成果。

1. 主观性及其研究背景

"主观性"本是一个哲学概念,对主观性这一论题的探讨至少从波尔(Bréal,1964[1900])就开始了,后续本韦尼斯特(Benveniste,1971[1958])又区分了主观性和交互主观性这两个概念,在对待语言的态度上,他提出把语言比拟成一种工具……应该让我们心存戒备,并将"主观性"视为说话人作为主体存在的一种属性,语言之所以成为可能,是因为每一位说话者在话语中通过"I"指称自我,将自己确立为主体。主观性是说话人将自己看作"主体"的能力,"自我"就是说"自我"的人,主观性的基础在于语言的使用,是由人的语言身份决定的。为了帮助说话人实现这个"自我",语言构建了一个能表现自我的体系,其中人称代词是语言中的主体性得以显现的第一个依托。主体性的显现只有在第一人称时才格外突出,我们一旦意识到动词与"人称"之间的彼此对应的性质,"主观性"陈述与"非主观性"陈述的区别就显露无遗。他认为"I suppose""I presume""I conclude"这些结构表现的不是客观命题,而是说话人对后续命题的判断、态度或评价,是典型的主观性语言。这种主观性不是由其中的动词而是由与之组合的人称代词"I"体现出来。本韦尼斯特对语言主观性的研究有首创之功,并认为语言带有的主观性印记是如此之深,以至于人们可以发问,语言如果不是以这样的方式构建,是否还能发挥作用和被称为语言,但在结构语言学和形式语言学占主导地位的大背景下,语言的主观性和主观化也长期没有得到重视。这主要是因为他们认为语言的功能就是"客观地"表达命题,不愿意承认话语中还有表现自我的主观成分。随着功能语言学、语用学、认知语法的兴起,他们强调语言不仅仅客观地表达命题式的思想,还要表达言语的主体即说话人的观点、感情和态度,再加上语义成了语言学注意的焦点,因为人们对意义的认识和运用必然带有很大的主观性。这些也是语言的主观性和主观化得到重视的一些原因。

2. 主观性的意义研究

2.1　莱昂斯的主观性与表达"自我"

目前国内语言学界普遍采用的"主观性"定义主要来源于莱昂斯(Lyons),主观性(subjectivity)是指语言的一种特性,即在话语中多多少少总是含有说话人"自我"的表现成分。也就是说,说话人在说出一段话的同时表明自己对这段话的立场、态度和感情,从而在话语中留下"自我"的印记(Lyons,1977),国内最早是沈家煊(2001)引入并结合汉语的语言现象作了初步尝试。与本韦尼斯特将"主观性"视作说话人作为主体存在的一种属性不同,莱昂斯的所说的"主观性"更偏向言者的认知、感知、情感、态度和意图等自我表达。莱昂斯对语言主观性的认识颠覆了形式语义学和结构语言学的基本立场,成功地将语言的主观性纳入语义研究的范畴,拓宽了语义学研究的视野,但观点相对宽泛,这为后续研究提供了新的研究课题。莱昂斯告诉了我们主观性是自我印记的表现,至于如何表现并没有回答。范尼根(Finegan,1995)认为语言的主观性集中表现在三个方面:其一,说话人的视角(perspective);其二,说话人的情感(affect);其三,说话人的认识(epistemic modality)。情感涉及语言的表情功能,认识主要跟情态有关,这里我们想重点谈一下视角。视角除去客观视角与主观视角、言内视角和言外视角等常规区分外,泰尔米(Talmy,2000)从位置、距离、模式和观察方向四个方面对"视角"作了更加精细化、可操作的分析,同一场景采用不同位置、距离、模式和观察方向,识解就会不同,所谓"横看成岭侧成峰,远近高低各不同"。

2.2　兰盖克的主观性与共时研究

兰盖克(Langacker,1987、1990)对语言主观性的理解是建立在认知语法框架内的,对语言主观性的研究主要是探讨句法表征形式与概念识解方式之间的关系,认为语言的主观性与语言使用者对客观情景概念化的方式有关,而概念化的方式又与语言使用者/观察者对客观情景的观察视角有关。因此,观察者的"视角"是一个表达式是否具有主观性的关键。具体来说,在"优化型观察方案"(optimal viewing arrangement)下,观察主体完全独立于被观察对象,最大限度地处于"台下"(offstage)。这时,注意力完全集中在观察对象上,观察对象被最大限度地客观识解,而观察主体受到最大限度地主观识解;在"自我中心型观察方案"(egocentric viewing arrangement)下,观察主体把自己也纳入被观察对象的范围,并与观察对象同现于"台上"(onstage)。这时,注意焦点包括观察者本身,观察主体具有双重性:既是概念化的主体,又是概念化的客体。在这种情况下,观察对象被最大限度地主观识解,而观察主体被最大限度地客观识解。可以发现,兰盖克对主观性强弱的判定很大程度上是以"言者主语"和"句子主语"的区分为基础的。一般而言,言者主语句的主观性高于句子主语句。当概念者/观察者以其自身作为参照并将之编码为表达式的一部分时,该表达式的主观性就弱些;而当概念者为隐性时,表达式的主观性强,主观化就是言/作者在语言表达(通常是结构或句子)中隐去作为信息报道中心、时空指示中心的自我的过程。

2.3　特拉格特的主观性与历时研究

与兰盖克不同,特拉格特(Traugott,1989)及其后续多篇文章从历时的角度研究语言的主观性及其主观化过程,将主观性研究纳入"语法化"的理论当中。语法化是一个历时的过程,在这一过程中,词语的意义有从表达命题(propositional)到表达情感(expressive)转变的趋势,也就是说,该词的表意功能减弱,表情功能加强,并且和态度、情感、立场愈加相关,而这种态度、情感和立场都源于说话人,因而具有主观性。特拉格特关注语言中表达主观性的语法结构或形式是如何通过演变而逐步形成的,强调主观化是语法化的一个重要机制,认为主观化是一种语义—语用的演变过程,即"意义变得越来越依赖于说话人对命题内容的主观信念和态度"(沈家煊,2001、吴福祥,2004),表现在如下几个互相联系的方面:

由命题功能变为言谈功能　　由客观意义变为主观意义;

由非认识情态变为认识情态　　由非句子主语变为句子主语;

由句子主语变为言者主语　　由自由形式变为黏着形式。(Traugott,1995)

在论及语法化与主观化的关系上,特拉格特坚持认为主观化和语法化是两个各自独立的过程,在我们看来,主观化和语法化有交叉,主观化也会引发词汇意义的演变,但并不包括形态句法等层面,典型的语法化过程通常包括语义—语用、形态—句法和语音—音系三个子过程,斯米尔诺娃(Smirnova,2012:35)也认为主观化是纯粹的语义演变过程,不涉及语言成分的音系和形态句法演变。

语言不仅能表达主观性,而且还常常表达交互主观性。对于交互主观性的论述以特拉格特的观点最有代表性,她认为交互主观性与主观性关系密切,交互主观性指的是说/写者用明确的语言形式表达对听/读者"自我"的关注,这种关注可以体现在认识意义上,即关注听/读者对命题内容的态度,但更多的是体现在社会意义上,即关注听/读者的"面子"或"形象需要"(Traugott,1999b、Traugott & Dasher,2002),说话人会站在听话人的角度来组织和表达话语,说话人所关注的不仅有听话人对话语内容的态度,还有听话人对话语内容的理解。特拉格特(2003)以"let us"为例提出了"非主观>主观>交互主观"的单向性语义演变路径。盖斯基耶尔(Ghesquière,2014)和盖斯基耶尔等(Ghesquière et al,2014)综合以往的研究认为交互主观性分为态度类、回应类和语篇类三类,其中态度类主要是对听话人的"面子"或社会身份的关注,回应类主要指能够引发听话人特定回应或有助于谈话延续或立场合作,语篇类则是特别关注听话人对话语的理解。

专门研究汉语交互主观性的论著最近几年呈现快速增长趋势,研究对象和研究角度也日益多样化,有侧重理论探讨的,也有针对具体语言事实的。目前最新研究是杨旭、王雅琪(2022),该文介绍了交互主观性的研究概况,梳理和比较了3种研究范式,包括以特拉格特为代表的语义路径、以韦哈根(Verhagen)、努伊茨(Nuyts)为代表的认知—语用路径和以杜博依斯(Du Bois)为代表的互动路径,发现其区别在于:语义路径关注已被编码或由显性语言标记表示的交互主观性;认知——语用路径把交互主观性视为认知现象,关注语言使用中意义的修辞表征;互动路径把交互主观性理解为一种有序社会互动的结果,把它置于社会实践而非人类大脑之中。丁健(2019)也从理论方面系统梳理了"交互主观性"的概念内涵、下位类型和主要理论假说,对以特拉格特、韦哈根和努伊茨为代表的三种观点进行比较分析,并在此基础上介绍了交互主观性在情感态度和内容理解两个方面对听话人的关注。

刘春卉(2021)的《汉语交互主观性标记及相关句类认知研究》以汉语多个交互主观性标记为主要研究对象,考察它们所具有的主观性特点或交互主观性特点,分析其主观化或交互主观化的根源或理据。对于具有相近主观性或交互主观性的表达手段,探讨它们在主观性或交互主观性方面的共性和差异,并以汉语表示劝止、制止与喝止的不同方式为例,比较并探讨交互主观性的强弱问题。刘春卉(2016)还分析了劝止义"不VP"格式中代词"咱"的功能,指出用"咱"代替"你"指称对方可以消除双方的立场对立,有利于表现说话人的亲近态度或者避免伤害对方情面。

完权(2018)借助"信据力"这一语用概念将"呢"的交互主观性意义概括为两个

方面：其一，信据价值高。表明发话人说出的是其主观上认为对释话人具有较高信据价值的话语，希望释话人确信并重视发话人传递的信息，继而推理发话人的意图。其二，反馈期待强。对激起释话人采取发话人所预期的言语或行动反馈具有更高的主观期待。完权（2017）还研究了交互主观性的句法位置，指出汉语交互主观性跟句法位置没有必然联系。主观性与交互主观性既相互关联，又相互区别。如果说话人所选用的语言形式旨在凸显个人意志与情感态度，而未对听话人的立场感受给予明确关照，该语言形式就具有主观性，如果说话人所选用的语言形式在表现个人意志与情感态度的同时还对听话人的立场感受给予专门关注，则该语言形式不仅具有主观性，还具有交互主观性。

可以这样说，自沈家煊（2001）的《语言的"主观性"和"主观化"》以后，语言的主观性问题才开始在汉语学界得到深入关注，从 2011 年吴福祥主编的《汉语的主观性与主观化》论文集，到 2016 年方梅主编的《互动语言学与汉语研究》（第一辑），再到 2018 年方梅、曹秀玲主编的《互动语言学与汉语研究》（第二辑），可以看出语言的主观性和交互主观性研究已经日渐成为汉语研究的热点之一，虽然互动语言学并不局限于语言的主观性和交互主观性，但却也与之密切相关。国内也形成了以上海师范大学语言研究所主办的"主观化理论与语法研究学术研讨会"为核心的主阵地，在学界引起了广泛关注。

3. 主观性的形式研究

除了主观性的语义研究，语言主观性的形式也一直是研究关注的重点。本小节我们主要从主观性表达的句法位置和主观性的鉴定形式两方面来综述。

3.1 主观性表达的句法位置

3.1.1 "左/右缘假说"

（交互）主观性的研究起初主要着眼于某个形式"非主观性—主观性—交互主观性"的变化过程，以及获得（交互）主观性的机制与动因。随着研究的深入，开始关注主观性在句法上的表现，其中一个重要方面就是考察某个形式发生（交互）主观化之后，在句法位置上是否也有相应的变化。早先是西方学者曾根据法语、英语语料对（交互）主观性表达的句法位置提出过跨语言的假说，即（交互）主观性的表达在小句位置上是不对称的（Beeching et al.，2009）。左边的表达（又称"左缘"left periphery）更可能是主观性的，如英语形容词 lovely 从描写义衍生出评价义（Adamson 2000），副词 indeed 演变为话语标记（Traugott & Dasher，2002）等，而交互主观性成分倾向于向右移位至所在单位的边缘,简称"右缘"(right periphery)。如日语的形式名词"mono",与条件连词"nara"连用时,透露出说话人认为这个条件很难成立甚至不可能发生的态度,当"mono"由这种主观性意义衍生出交互主观性意义之后,其句法位置也从句中移到了句末(Shinzato,2007)。特拉格特(2012)也有类似观点,左缘位置上的表达形式更可能是主观性成分,右缘位置上的更可能是交互主观性成分,但是强调"左/右缘假说"仅仅是一种倾向,在实际的语言表现中它所面临的反例只会多,不会少,并以英语中语义较弱的确信情态副词"no doubt"和"surely"进行测试,发现该假说在英语中似乎并不能成立。

3.1.2 对"左/右缘假说"的反思

汉语中很多功能性成分的演变似乎可以证明上述假说,比如很多从句中状语位置开始逐步左移的副词,获得了主观性的用法,如汉语让转义副词"X然"从基本话语向元话语的演变(曹秀玲、王清华,2015),又比如从定语位置逐步向高层移动的形容词"真的",主要功能就是体现言者视角,传达说话人的主观评价,加强对所说话语真实性的肯定(陈颖,2010),并且已经发展出话语标记用法(方清明,2012)。但语言中的实际情形是同一种功能性成分既可以出现在左缘表主观性,也可以出现在右缘表交互主观性,这方面的研究很多,我们以认知义话语标记和言说义话语标记的语法化为例来说明。曾立英(2005)指出表"观察义"的"我看"与"你看"发展出"认知义",再发展成"话语标记"。这是一个主观性增强的过程,"我看"和"你看"的句法位置比较灵活,位于句首和句中时可表主观性,位于句尾时可表交互主观性。方梅(2005)介绍了"我看、我想、我觉得、我知道"等认证义谓宾动词的虚化路径是从谓宾动词发展为语用标记,语义方面表现为由客观表达变为主观表达,"认证义动词+小句宾语"既可以陈述事件,又可以表现主语的认识内容,认证义动词的线性位置比较灵活,可以用在小句宾语之前,可以作为小句宾语的插入成分或者位于句末,不管何种位置,都不会影响语句的命题意义,英语中的"I think、I know"等用在从句中与此类似,发生了去范畴化。姚占龙(2008)指出人称代词在与"说、想、看"的使用过程中共同呈现出的一种从"动作义"到"认识情态义",再由"认识情态义"到"话语标记"这样一种主观性不断增强的过程,并同时说明(交互)主观性的用法和句法位置没有实际关联,位于句首可以表示说话人向听话者"征询"对某一事件或某一问题所持的态度和意见的交互主观性用法,位于句末可以表达说话人自己对某一事件或某一问题所持的态度和意见的主观性用法。言说义话语标记类型多样,孙利萍(2012)将其归纳为词、短语、框填格式、完整小句等。从言说类话语标记的结构方式看,动词性话语标记可以归结为述补结构(如"说白了")、状中结构(如"坦率地说")和动宾结构(如"说实话")乃至完整的句子形式(如"我告诉你")。

名词性话语标记主要采用定中结构(如"一句话")和其他复杂结构(如"一言以蔽之")等。言说义话语标记的相关研究也很多,从语用功能看,言说义话语标记是言语交际互动的产物,主要用于标识言说视角、言说方式、言说态度和言语进程(曹秀玲、杜可风,2018),从句法分布来看,大多也都走向左缘或右缘,"不是我说你"类话语标记常位于句首,主要是对后续话语进行强调,唤起对方对后续话语的注意,表明话主的态度等(乐耀,2011)。"话是这么说、你还别说"等既可以用在句首,也可用在句末,表达说话人要提出相反、相对的看法或想要强调某个观点、突出某个现象、提醒对方(张谊生,2014b)。因此,完权(2017)更是基于汉语事实,明确指出汉语(交互)主观性的表达并不依赖特定的位置,甚至连倾向性都没有,并提出汉语(交互)主观性的表达跟句子语法位置的关系不在左右,也不在内外,而在于标记性,即越是偏离常规,占据更高句法位置的表达,交互主观性越高。因为越是偏离常规位置标记性就越强,对释话人而言,越能构成语境化提示。丁健(2019)从类型学的角度对"左/右缘假说"做出反思,也认为"左/右缘假说"颇具争议,有很多反例,(交互)主观性的表达与句法位置没有必然联系,在有些语言中,同一种形式既可以出现在左缘表主观性,也可以出现在右缘表交互主观性。

3.2　主观性的鉴定方法

语法研究讲究形式和意义的相互验证,这是语法研究中应该秉持的重要原则。对主观性的语义分析固然重要,但若能在语义分析的同时给出形式上的验证,那么研究就有说服力,否则就是"脱缰的野马"。因为语法意义决定功能分布,功能分布反映语法意义。我们综合前人的研究成果,并结合自己的研究,提出如下的鉴定方法。

3.2.1　句类鉴定法

赵春利及其团队成员近些年主要使用这种鉴定方法。赵春利、孙丽(2015)在总结前人关于"吧"的研究成果时,提取出"吧"的本质语法意义"意向待定",从小句类型和"吧"的搭配角度进行形式验证,"吧"的句子功能分布具有较强的规律性,主要分布于揣测性的陈述句、求证性和征询性的疑问句和商榷性的祈使句中,折射出"吧"具有较强的命题信息未定而主观情态求定的意向。

赵春利、方甲珂(2017)指出句末助词"喽"的"传知性"语法意义,其在句子功能上的分布特征是只能进入到推断义、判定义、通告义和宣告义的陈述句、推知义的是非问、预偏义和劝阻义的祈使句和感叹句中。

杨才英、赵春利(2022)指出"哟"的语法意义是说话者基于轻松的心态,以亲和的人际态度把已有的事物、行为和情感等语义信息提供给听话者以唤醒其注意,该语法意义并不是对所有句类都适用,"哟"的语法意义允准的陈述句要满足评判类、能愿类、事态类,允准的祈使句要满足叮嘱义和呼唤义,可以允准大多数典型的感叹句而排斥任何形式的疑问句。句类鉴定法并非赵春利及其团队成员首创,方梅(1994)就已经指出"研究语气词的意义时总是放在较大的语言片段",即句末助词只有与一定小句类型组合形成交际单位并在一定的话语中才会显示其语法意义。

3.2.2　变换鉴定法

变换分析是结构主义语言学常用的语言学方法。通过插入、变换、替换等句法操作可以来鉴定一个语言形式是主观的还是客观的。

宗守云(2015)指出"不知道"有且只有两个,一是否定短语"不知道$_1$",二是情态动词"不知道$_2$",并通过插入、变换的方法来区分。首先否定短语"不知道$_1$"有相应的肯定形式,用于否定认知信息,情态动词"不知道$_2$"没有相应的肯定形式,用于标记言者疑惑。其次,"不知道$_1$"是认知动词的否定形式,可以带体词宾语,也可以带谓词宾语,还可以带小句宾语。"不知道$_2$"是情态动词,只能带谓词宾语和小句宾语。最后,"不知道$_1$"句法位置是固定的,"不知道$_2$"句法位置可以灵活变换,相对自由。

宗守云(2016a)指出"还 X 呢"构式具有行域贬抑、知域否定和言域嗔怪的用法。在区分行知言三域时,运用变换和插入分析,行域贬抑的"还 X 呢"如果没有"是",可以添加"是"成为"还是 X(的)呢"形式,知域否定的"还 X 呢"都可以变为"你还说 X 呢",言域嗔怪的"还 X 呢"都可以变为"我还说 X 呢"。

宗守云、姚海斌(2019)区分两种"就差 X",一种是客观叙述,一种是表达说话人的主观情态。主客观的差异在形式上也有所反映,首先,客观叙述的"就差 X"中"就差"是松散的语言形式,具有短语性质,可以插入副词"还","差"也可以替换为"剩",表达说话人主观情态的"就差 X"中"就差"是凝固的语言形式,有词汇化倾向,无法插入副词。其次,在句类上,客观叙述的"就差 X"用来陈述事实,报道事件,是陈述句。表达说话人主观情态的"就差 X"用来抒发说话人强烈的情感,具有浓郁的感叹意味,可以看作感叹句。

赵彧(2023)区分两种"半个 NP"结构时也运用了变换分析。"半个 NP"具有多义性,可以表达客观计量和主观判断两种语义功能,在形式上有一系列差异。客观计量的"半个 NP"可以进行语义等值变换,而主观判断的"半个 NP"则不可以。例如:

半个月	一个月的二分之一	半个美食家	*美食家的二分之一
半个世纪	一个世纪的二分之一	半个文物专家	*文物专家的二分之一
半个池塘	池塘的二分之一	半个农民	*农民的二分之一

半个院子　院子的二分之一　　　半个兽医　　　*兽医的二分之一

客观计量的"半个 NP"随着语义的表达可以自由替换，而主观判断的"半个 NP"是半固定的，替换能力较弱。例如：

半个钟头　一个钟头　两个钟头　半个农民　*一个农民　*两个农民

半个世纪　一个世纪　两个世纪　半个专家　*一个专家　*两个专家

半个池塘　半口池塘　半亩池塘　半个粮食　*半袋粮食　*半斤粮食

半个院子　半座院子　半片院子　半个兽医　*半位兽医　*半名兽医

鉴别句式或构式是否具有主观性和客观性是一项复杂的工作，因此插入、变换、替换等变换分析方法在进行主客观区分时可以综合运用。

3.2.3　外围成分鉴定法

增添外围成分是一种有效的验证方法。李新良（2013）、袁毓林、寇鑫（2018）、陈禹（2018）都利用增补外围成分测试功能性标记。该方法的可行性在于增补的外围成分为原句增添了一个语义预设，因而与该预设相容的标记可以接受，而不能与之相容的标记就会被筛选掉。陈禹（2019）以"我不认识他"与"我并不认识他"为例论证同样意思的句子加入了客观性标记之后，主观性的识解会自动筛去，指出前一句可能是客观表述，也有可能是加入了主观色彩的反语；而后一句加上了"并"之后只可能是客观表述，然后以外围成分"事实证明"给出了形式验证。请看：

(1)（事实证明）这座院落与村中任何一处院宅并无两样。（格非《江南三部曲》）

(2)（*事实证明）一路上他竟没有看见一个活着的战友。（罗广斌《红岩》）

例(1)因为外围成分"事实证明"能对于说话人的评价进行有效压制，因为该小句的预设义就是不带有个人见解，一切根据实际情况的意思，从而保证能通过验证小句不会存在主观性标记。例(2)就通不过"事实证明"的测试，因为其含有主观性标记，即表意外的"竟"。赵彧（2019）认为"不和 NP VP"往往是对某种意愿的否定，而"和 NP 不 VP"则是对关系的客观表达，并以外围成分"有三天了"来论证"不"的语序不同带来的主客观差异。请看：

(3) a　我和他见面。　　　　　　b　我和他见面。

　　我不和他见面。　　　　　　我和他不见面。

　　*我不和他见面有三天了。　　我和他不见面有三天了。

上例中在基础样本中加入变量成分"不"后的语序变化反映出主客观功能上的

一些差异。例(3)a 是基于主观立场、情感所作出的主观意愿的否定，不能客观计量(加入客观量成分"有三天了")。例(3)b 是对人物关系的客观否定，可以客观计量(加入客观量成分"有三天了")。赵彧(2024)研究了同形异义构式"N_1 不能当N_2V"，在区分属性判断和价值判断时也使用了外围成分鉴定法。请看：

(4) a ［我觉得/我认为］，信用卡不能当储蓄卡用。

  b 信用卡不能当储蓄卡用，［这是常理/这是常识］。

(5) a ［我觉得/我认为］，看闲书不能当饭吃。

  b * 看闲书不能当饭吃，［这是常理/这是常识］。

添加的外围成分"我觉得/我认为"是主观化操作的手段，是言者认识情态的明示成分，可以保证例(4)a 和例(5)a 通过验证。添加的外围成分"这是常理/这是常识"是客观化操作的手段，其预设义就是根据实际情况做出的客观判断，可以保证例(4)b 通过验证，而例(5)b 则不可以。句类鉴定法、变换鉴定法和外围成分鉴定法并不是相互分立的，而是互有交叉的，在使用时可以酌情考虑，至于还有哪些鉴定方法，有待继续探索。

第七章 两种句法结构的情态化 及其语用功能

本章所说的两种句法结构是指动宾结构"看 + N"和动补结构"看 + C",各自内部是非匀质的,存在着一个由实而虚的连续统,分为两大类:短语型与情态型。短语型源于动宾的"看样子$_1$、看情况$_1$",源于动补的"看起来$_1$、看上去$_1$"[①],行域层面用作基谓语;情态型源于虚化的"看样子$_2$、看情况$_2$","看起来$_2$、看上去$_2$",言域层面表认识情态,内部结构紧密固化。为了行文方便,我们把短语型记作"看 X_1",情态型记作"看 X_2"。

学界对此有很多富有启发性的研究,如张谊生(2006b)、刘楚群(2009)、刘琉(2011)、何姝琳(2014)、李宗江(2016)等,但均没有提到情态型的"看 X_2"除了感知功能、推估功能和总结功能等肯定性用法外,还兼具隐性否定的语用趋势,否定义的形成有其自身的语义与语用条件,是基于语义基础上的语用化的结果,与"看 X_2"自身的情态化关系密切。

1. 功能分化与分布差异

由于虚化程度不一,既保留视觉动作型的"看 X_1"类短语,又发展出认识情态型的"看 X_2"类情态标记。性质不同带来功能分化,句法分布也相互有别。

1.1 句子谓语

我们的概念系统中存在三个不同的概念域,即行域、知域、言域,语词的行域义是基本的,知域义和言域义都是从这个基本义引申出来的(沈家煊,2003)。作为句子谓语的"看 X_1",都是行域层面用作基谓语表示命题信息的,其中的"看"为感官动作动词,具有动作性和视觉性。句法上,"看 X_1"与主语之间的句法关系是非常明确的,并且都不可以作删除处理。例如:

(1)现在生客、路短钱少的我不去,一般搭客的我要先看样子是不是白领,虽

---

① 短语型"看 X"内部结构不同、来源不同,既有来源于动宾的"看样子、看情况、看情形",也有来源于动补的"看来、看起来、看上去",还有来源于跨层结构的"看似"。

然风险大一点,但赚一点算一点。(2007年《广州日报》)

(2) 赵一浩解释道:"三江的事算告一段落了,我明天一早去松岭,在那里呆几天再看情况。"田融有些生气了:"又去松岭干什么?"(龙志毅《政界》)

(3) 欧阳娟在心里"哼"了声,便走到桌前,打开台灯,胡乱翻开一本书看起来。可心里乱得很,翻了半天还不知道看的什么。她叹了口气,把书丢下,又神差鬼使地回到窗前,天哪,苏巨光还在窗下。(尤凤伟《月亮知道我的心》)

(4) 每个石屋顶上都有一个大铁环,谢羽晔抬头看上去。石室上面,好像民家烧火的烟囱大了许多倍,高达数十丈。(佚名《无双剑法》)

例(1)、例(2)描述一价名词"样子、情况"关涉的配价成分"搭客、三江的事"客观实际的情况,即"搭客的样子""三江的事的情况"。例(3)、例(4)中"起来""上去"表示动作"看"的状态和趋向,后例"看上去"处在连动结构后项位上。"看"也是行域中视觉性的动作,仍然可以受副词"先、再"等修饰,与主语"我、我;欧阳娟、谢羽晔"的句法联系也很紧密。这里的"看 X_1"仍为句法组合关系,在句中作述谓性的命题成分。

1.2　泛化谓语

所谓"泛化谓语",是指主语因分离或者隐含相对于谓语部分泛化而变得不再那么确定,主谓句法关系不再那么紧密,已经部分泛指化,使得"看 X_1"述谓性降低,语义则趋向情态化。如:

(5) 城堡周围的行道树全是这样,看样子很难看,遮阴效果也不好,感觉有点异样。(新浪博客2015-11-25)

(6) 我和你现在不能结婚,一结婚难免会有小孩儿,我就不能再上舞台了。学了两年,不能白学,到北平看情况再说。咱俩的事情就这么定下了,反正双方家长也都同意了,这段分别也是对我们双方的一次考验。(王素萍《她还没叫江青的时候》)

(7) 那脸庞似乎很熟悉,可又很陌生;应该说是印象很深的眼睛,猛地看上去是深情的,闪烁出热烈的光彩,但细细注视,眸子里又有点冷漠和不可捉摸的神情,很看不透她的心。(李国文《危楼记事》)

(8) 中国戏是大敲、大叫、大跳,使看客头昏脑眩,很不适于剧场,但若在野外散漫的所在,远远的看起来也自有它的风致。(鲁迅《社戏》)

例(5)主语隐含而泛化,例(6)主语分离而泛化,"看样子、看情况"的主语可以是句法主语"我",也可以是其他人。例(7)、例(8)因隐含而泛化,"看上去、看起来"

的主语可以理解为逻辑主语"我",理解为其他相关的人也是可行的。以上各句主语因分离或隐含而使得主语的句法位变得松动,主语与整个"看 X_1"的句法关系也不再那么紧密明确,整个"看 X_1"的述谓性降低,句法泛化,看 X_1 进而走向情态化。

1.3　话语标记

话语标记用法是指从动宾、动补的句法关系发展到具有篇章衔接关系的情态标记用法[①],其句际功能有两种:一种是句间评注,另一种是句内评注。两种评注方式的共性都是述谓功能弱化,从行域层面表动作发展到言域层面表情态,其中"看"表"观看"义的动作范畴特征减弱,逐渐发展成为认识情态标记(高增霞,2003)。就其人际功能而言,是对其后命题表达让步、推估、总结、弱断言等多种评议功能。就其语篇功能来看,兼具维持会话连贯、预示推进下文、终结会话话轮等篇章功能。例如:

(9) S:也就是说你将来还是会加盟一家国内俱乐部了?

　　X:这个也不好说,暂时看情况是这样,不过说不定也许三四天后就联系上国外俱乐部了,什么事情都有可能发生。(2009 年《沈阳晚报》)

(10) 吴晴:医生,我丈夫到底怎么样了?

　　医生:癌细胞已经扩散了,看样子……(徐兵《请你原谅我》)

(11) 贾母截断尤氏,厉声说:"你倒是天下第一贤妻良母,看起来,倒是我忒狠心了!"尤氏唬得即刻跪下,只低头认错。(刘心武《秦可卿之死》)

(12) 他们看到那群散站在大槐树下台球案周围的长发年轻人的手执球杆的身影,和完全处于树荫下清楚得如同照片的脸容。那帮坏蛋也看见了他们,有几个背向他们的也转过身,脸上笑嘻嘻的,看上去似乎毫无恶意。(王朔《我是你爸爸》)

作为认识情态的"看 X_2",其逻辑主语进一步泛化,认知主体是言者主语,功能

---

①　对于"看 X_2"的话语标记用法,较早的学者从传统语言学的"插入语"角度进行研究,如廖秋忠(1986)的《现代汉语篇章中的连接成分》一文中把"(由此)看来、(由此)可见、足见"等称为"推论连接成分"。胡裕树(1995)的《现代汉语(重订本)》提到"独立成分"的作用时,其中一类就是表示对情况的推测和估计,举例如"看来、看起来、想来、看样子、说不定"等。黄伯荣、廖序东(1997)的《现代汉语》在给插入语进行分类时提到,有一类表示对情况的推测和估计的插入语,口气比较委婉,对所说实情的真实性不作完全的肯定,留有重新考虑的余地,通常用"看来""看样子""说不定""算起来""我想""充其量"等。张谊生(2006)从句法功能、表达功用和动趋式短语词汇化的角度研究了"看起来"、"看上去",认为句法分布上二者是可以作为插入语使用的。邵敬敏(2007)的《现代汉语通论》(第二版)也提到了这类表推测和估计的插入语,举例如"看来""看起来""算起来""说不定""少说"等。

则从表基谓语功能到表评注功能。上述四句都是句间评注，表达让步、推估、总结等多种评注功能。再一种就是句内评注，多位于主谓之间，主语多为事物主语。例如：

(13) 凤霞长得和家珍年轻时差不多，要不是她小时候得了那场病，说媒的早把我家门槛踏平了。我自己是力气越来越小，家珍的病看样子要全好是不可能了，我们这辈子也算经历了不少事，人也该熟了，就跟梨那样熟透了该从树上掉下来。（余华《活着》）

(14) 正在这四辆车子互相竞争的时候，突然对面也出现四辆并排飞驰的车子，看情况死几个人是难免的。（韩寒《像少年啦飞驰》）

(15) 中央定了措施，各地各部门就要坚决执行，不但要迅速，而且要很有力，否则就治理不下来。现在的局面看起来好像很乱，出现了这样那样的问题，如通货膨胀、物价上涨，需要进行调整，这是不可少的。（邓小平《邓小平文选》第三卷）

(16) 布莱尔在采访中说："在防治艾滋病方面，非洲大陆看上去似乎是一个绝望的大陆。其实我们还可以做很多工作。"（新华社 2004 年 12 月份新闻报道）

情态功能的"看 X_2"都不是所在句子的直接句法成分，形式独立，删除后也不影响原句的结构关系和基本语义。例(13)～例(16)中"看 X_2"的主语均为事物主语，情态功能显化，其还可以与"好像、似乎、大概、可能、恐怕"等表示揣测的评注性副词配合共现使用。

以上我们分析了该两种句法结构的功能分化与分布差异，其从基谓语到情态标记是一个自主度提升、融合度提高的过程，基语言用法萎缩，情态用法显化，逐渐成为一个表认识情态的话语标记，表达多种评注功能和语篇功能。综上所述，该两种句法结构的虚化过程可以概括为：

行域层面到言域层面　　命题成分到情态成分

句法主语到言者主语　　自主度低到自主度高

2. 叙实程度与传信功能

本小节主要研究"看 X_2"的传信评注功能，就其信息来源的可靠性来看，大致具有三个可靠性逐次递增的表肯定的传信功能：感知功能、推估功能与总结功能。

2.1 感知功能

"看 X_2"既可用来对具象实体进行感知,也可以用来对抽象事件进行感知,表达言者的主观感受与体验,是基于感知对象所做出的肯定性感知。例如:

(17) 贾正就咸菜吃着干焦不白的发面饼,每咽一口,就端起水罐子喝口凉水,喝完了还接着吃,吃得是那么香甜有味,看样子真比吃八八席还带劲。(冯志《敌后武工队》)

(18) 他用手摸了摸孩子的头,不知是孩子刚刚睡醒的缘故,还是嗅到了医院的味道,烧突然又退了下去,眼睛也有神了,指着医院对面的"哈密瓜"要吃,看情况有些缓解,小林觉得老婆的办法也可试一试。(刘震云《一地鸡毛》)

(19) 除闯王的中军标营打着红旗外,其余各营,按照前后左右营扫着不同颜色的旗帜。那些红的、黑的、白的、蓝的和紫的大小旗帜,队各一色,在起伏而曲折的丘陵间随风招展,时隐时现,看起来十分壮观。(姚雪垠《李自成》)

(20) 切尔已去除了面部粉刺,并缩小了肚脐眼。她去除了两肋骨之后,看上去很苗条。她的鼻子变小了,下巴变得完美丰满,颧骨更加突出,经过处理的牙齿洁白如玉。(《读者》合订本)

表感知功能的"看 X_2"其感知结果一般由性质形容词充当。例(17)、例(18)是对"吃发面饼""发烧到退烧"这两个抽象事件的感知,感知结果为"带劲""有些缓解"。例(19)、例(20)是对客观实体"红的、黑的、白的、蓝的和紫的大小旗帜""去除两肋骨之后的她"的感知,感知结果为"十分壮观""很苗条"。

2.2 推估功能

认知主体的认知顺序可以概括为"以身喻心、由表及里",人们的认识、思想、情感是建立在日常生活中的所见所闻所感之上,借助客观的、外在的感知,表达主观的、内在的认知或心理,正符合由具体到抽象的思维规律(Sweetser,1990、沈家煊,1997)。例如:

(21) 原来,今天下午儒修媳妇去北河地里摘菜豆角,发现她家地里的菜瓜没有了七八个,还不能吃的青嫩的玉米被人掰下去五六穗,看样子是昨天窃去的,脚印都干了。人们立刻怀疑是江任保所为。(冯德英《迎春花》)

(22) 我们这里也听说敬轩已经从川西奔往川东,看情况是要出川。又风闻杨嗣昌已经离重庆坐船东下,直赴夔州,同时抽调人马从陆路堵截敬轩。
(姚雪垠《李自成》)

(23) 一夜阴风把更多的树叶子吹下来,白杨树几乎成了光秃秃的枝条,几棵混生在松林中的榛树,满树金黄枯叶,但并不脱落,在阴风中哗哗作响,看起来好像满树蝴蝶。(莫言《师傅越来越幽默》)

(24) 老人躺在一堵墙下面,脸朝上,身体歪曲着,一条右腿撑得很开,看上去裤裆那地方很开阔。死者身上只有一套单衣,千疮百孔的样子。"肯定是冻死的。"有人说。(余华《一个地主的死》)

借助外在的感知与体验进行心理世界的推理和估测,可以是由果推因,也可以是由因推果。例(21)依据"菜瓜没有了七八个、不能吃的青嫩的玉米被人掰下去五六穗"这个结果推理出"昨天窃去的"这个原因。例(22)根据"敬轩已经从川西奔往川东"这个推导出"出川"。例(23)依据"满树金黄枯叶哗哗作响"估测出"好像满树蝴蝶"。例(24)从"右腿撑得很开"估测出"裤裆那地方很开阔"。感知与推估不是泾渭分明、截然两分的,内部存在两头清楚、中间模糊的连续统关系,但二者还是有一些细微的差异:感知是易变的、临时的,重外在的表象感觉;推估是稳定的、固化的,重内在的事理关系。

2.3　总结功能

所谓总结功能,就是说话人在对事实或现象作出判断以后做出的推理性总结与概括。这些总结性的概括,从信息属性来看,多属已知信息。如:

(25) 我们这一次回来,本来想通知安娜,好让我有机会回家,向妈妈赔罪,可是,既然安娜已被逐出去,看样子,我这一辈子,恐怕也很难有机会再回家了。(岑凯伦《合家欢》)

(26) 我呆呆地站着、思考、站着、思考……突然,有一个意念飞快地钻进脑子里,我必须摇个电话给正在搓牌的母亲,看她能不能到郁真处过一夜。看情况,情形是要留宿一宵的了。(梁凤仪《风云变》)

(27) 李冬宝:是亲人,那没错儿。判的时候儿,法官也是挥泪判的。可是他跟我说,咱们虽然是哥们儿吧,但法律就是法律,你下去打我一顿都行,但法庭上就得这么判,否则就是徇私枉法,国法难容,我还有什么说的。
余德利:咳,看起来啊,这法律还真是无情啊。(王朔《编辑部的故事》)

(28) 总有一些人会抓住主教练说话中的某些部分,并扭曲其中的意思,看上去,有些人有自己不可告人的目的。(2005 年《体坛周报》)

例(25)是依据"安娜已被逐出去"得出总结性的推论结果"很难有机会再回家了"。例(26)根据思考的状况得出"倩彤是要留宿一宵"这个概括性的结果。例(27)依据李冬宝所述情况得出"法律还真是无情"这一总结性的概括。例(28)从前述话语中得出"有些人有自己不可告人的目的"的总结。上述四例虽伴有推理的意味，但就其事实性来看，无疑都是对前述话语的总结。传信范畴关心的是信息来源的可靠性，据此可以建立可靠性等级：总结功能＞推估功能＞感知功能（"＞"表示强于）。

3. 语用趋势与否定功能

语法分析不仅要关注句法与语义的限制，还应该探求语用、语境因素对句法和语义的影响。"看 X_2"否定的语用趋势既有语义基础，也有语用、语境动因。

3.1 语义基础

前项和后项的语义对立（semantic opposition）是构成转折关系的一个必要的语义条件，感知与推估的前项叙述可以与后项相符，也可与后项相反，句法上可以出现转折连词"但是、然而、可是、却"或转折性副词"事实上、实际上、其实"等。例如：

(29) 起初，周炳以为陈文英和张子豪有什么反目不和之处，但是看样子倒还恭恭敬敬，热热呵呵的。只是表姐夫老说有公事，赖在外面不回家；大表姐整天也和一班男女教友厮混，不是聚会，就是听讲。（欧阳山《苦斗》）

(30) 本来唐诗语是打算游了华山下来，看情况再行顺便游览下玉泉院与稍远的西岳庙，却是为了方慕南而改变了计划。（佣肖《懒仙》）

(31) 他的那面忠字旗看起来簇新，实际上是整整一百年前的东西。这面旗子就是老任大爷留下的那包遗产中两件宝物中的一件，因为不见天日，包了三层油纸、五层包袱皮，年深日久，并不显旧。（白桦《古老的航道》）

(32) 很多女人花了很多金钱，买高档化妆品，做美容，其实调整心情是女人最珍贵的滋养品。心情的好坏，看上去是源自身外在的烦恼，事实上是你的一种态度和控制力。（张晓梅《修炼魅力女人》）

上述四句，前项与后项相悖，形成转折关系。例(29)"反目不和"与"恭恭敬敬，热热呵呵"前后相悖。例(30)"游了华山下来，再行顺便游览下玉泉院与稍远的西岳庙"与"为了方慕南而改变了计划"前后语义转折。例(31)"簇新"与"一百年前的东西"形成相互对立的语义关系。例(32)"源自身外在的烦恼"与"是你的一种态度和控制力"形成对立性转折。除了与转折标记配合使用，还可以与语境中临时激活

转折义的词语配合使用,如"竟然、谁知、结果、想不到"等,请看例句:

(33) 这世界和一刻以前毫无不同,但是,因为做了某个微妙的决定,让周围的一切看起来<u>竟然</u>就有了微妙的变化。沈醉忍不住想,风不动,动的是心,所谓唯心主义,或者也是有它的道理在的。(芙蓉三变《非诚勿扰》)

(34) 家珍像是睡着一样,脸看上去安安静静的,一点都看不出难受来,<u>谁知</u>没一会,家珍捏住我的手凉了,我去摸她的手臂,她的手臂是一截一截的凉下去,那时候她的两条腿也凉了,她全身都凉了。(余华《活着》)

(35) 如今市场上常常有假冒伪劣的商品。当我买到一件看起来质地纯粹的羊毛衫,<u>结果</u>,适得其反时,便十分懊恼。当我的女儿高兴地买回红彤彤的"富士"苹果,结果吃到嘴里全然不是那么一回事时,更是十分懊丧。(1996 年《人民日报》)

(36) "你小子看上去憨头憨脑的,<u>想不到</u>还有一肚皮传种接代的学问。你是哪里人?""安昌门外的。"孙喜说,"王子清老爷家的,你们见过我家少爷了吗?""你家少爷?"精瘦男人摇摇头。(余华《一个地主的死》)

在语用中,"看 X_2"除了表达感知、推估和总结功能以外,衔接功能也凸显出来,其在篇章中还可以发挥衔接语义、预示下文、终结话轮等话语标记功能。我们可以发现,转折语境是情态型的"看 X_2"隐性否定趋势浮现的主要语境因素,宗守云(2002)、蔡凯燕(2013)、李小军(2015)[①]均谈到转折语境是隐性否定义产生的重要语境因素,而蕴含的逻辑语义关系"感知和推估形成的预期与实际情况不符或相悖"是"看 X_2"隐性否定趋势形成的语义基础。

3.2　语用动因

否定和转折这两种语义范畴密切关联,转折常常隐含着某种否定。吕叔湘(1982)在论及"转折"时指出:"所说不谐和背戾,多半是因为甲事在我们心中引起一种预期,而乙事却轶出这个预期,因此由甲事到乙事不是一贯的,其间有一转折。""预期偏离"是否定与转折关联的语用机制(尹洪波,2014),也是"看 X_2"隐性否定趋势形成的语用动因。例如:

(37) 这过江的小轮船,向前冲着,向前挣扎着,突突地响着,看样子是很勇敢的,其实它也不过摆出那么一副架儿来,吓唬吓唬江上的水鸟。遇到了

---

① 宗守云(2002)、蔡凯燕(2013)、李小军(2015)在谈到"似乎、理论上、原则上、名义上、好像、仿佛"的隐性否定义时,都强调转折语境是重要语境因素。

水鸟,它就冲过去,把水鸟冲散了。遇到了波浪,它就打了横,老老实实的,服服帖帖地装起孙子来。(萧红《马伯乐》)

(38) 她不是一个人来,而是带回了五个大男人外加一个十来岁的小孩,看情况应该就是张大丫说的那群过路的客商,但这群人也没推着车挑着担。(阿菩《东海屠》)

(39) 这当然是种原始的食品,和流行于西北地区的"手抓羊肉"一样,看起来人人都会做,但是,其实这里面大有学问在。(张贤亮《羊杂碎》)

上述四句,"其实、但是、但"等标示预期偏离(谷峰,2014),产生意外信息,意外是导致否定的重要语用机制之一(陈振宇、杜克华,2015)。如果一种语言形式经常传递某种隐含义,听者会利用言内和言外知识进行回溯推理[①](backtracking reasoning),显化隐藏在话语背后的否定义,使得词语的"言外之意"逐渐明确化、独立化、固定化。上述各例的隐性否定趋势浮现的推理过程为:

例(37)的回溯推理过程为:

事理:如果很勇敢,就不要摆出那么一副架儿来,吓唬吓唬江上的水鸟。

事实:摆出了那么一副架儿来,吓唬吓唬江上的水鸟。

结论:不是很勇敢。

例(38)的回溯推理过程为:

事理:如果这群人是客商,就会推着车挑着担。

事实:这群人没有推着车挑着担。

结论:这群人不是客商。

例(39)的回溯推理过程为:

事理:如果人人都会做,就不会大有学问在。

事实:其实这里面大有学问在。

结论:不是人人都会做。

更进一步看,那些起预期偏离的转折义标记词所管辖的后分句因为是社会预期中共有的、不言自明的,符合常理和常识,或者是言内可推导的,在经济原则和量的原则的制约下,言者一般会求简,避免冗长繁复,这些后续成分可以不出现,隐性否定的话语意义被"看 X_2 "语境吸收了,可以单独表达隐性否定。例如:

(40) 当民主党内部不支持,国际上也摆不平,看情况,美国即使想要重启谈判,也要到大选之后。[现阶段重启谈判希望渺茫](军事中国 2015 - 08 - 14)

---

① 关于"回溯推理",请参看蒋严(2002)、沈家煊(2004)、侯瑞芬(2009)。

(41) 老人一辈子生活在北京，养老却要去外地，不能接受。还有人说，异地就医结算没有实现，配套设施也不完善，异地养老只是看上去很美。[异地养老实际很难推行]（东方网 2016 - 06 - 10）

(42) 记者通过对这些网站追踪，发现隐藏在这些网站背后的往往是一些看起来很正规的公司。[事实是不正规的]（2016 年《北京晚报》）

语言交际传递信息既要足量，也不要过量。言者如果基于客观常理或常识就能表达交际意图，就不会赘述多余信息，听者也可以利用自身知识结构推导出言者所言意图。"看 X_2"所关涉的成分不需要起显化预期偏离的转折义的标记词，语境吸收以后就可以独立表示隐性否定义，加强了言者与听者的双方互动。例(40)"民主党内部不支持，国际上也摆不平"，暗示了现阶段重启谈判希望渺茫，举步维艰。

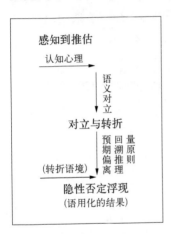

图 5　"看 X_2"隐性否定义浮现过程

例(41)异地就医结算没有实现，配套设施也不完善等措施没有完善使得异地养老很难顺利推进。例(42)论文造假公司在背景知识中是非法的，这在常识中是不言自明的。

总而言之，在转折语境、预期偏离、回溯推理及经济原则等影响下，"看 X_2"逐渐发展出隐性否定的语用趋势，可以在转折语境中表否定。在否定的话语意义规约化以后，还可以单独表否定。同时，也要看到隐性否定义不同于逻辑否定义。由于是语用化的过程，对语境的依赖较强。其形成的是语用义，而非语用语法化以后的语法义。"看 X_2"否定义浮现过程如图 5 所示。

4. "看 X_2"情态化历程

"看 X_2"隐性否定趋势的形成与其自身的情态化关系密切，其情态化历程经历三个过程：主语提升、代词脱落与以命题为操作域。

4.1　主语提升

短语型"看 X_1"的句法主语为当事人或第一人称，不能是其他人称代词①，其本

---

①　述谓性的"看 X_1"的句法主语只能是第一人称，因为当主语为第二、第三人称时，会存在言者主语，"看 X_1"实际是情态型而非短语型，这是需要注意的。

身也是命题成分的一部分，"看"与"X₁"的句法组合关系还很紧密，句法位置也相对固定。例如：

（43）许相说的是，这东西比胡床和高墩凳子坐着都舒服，再说又显着尊贵，流行开来那是肯定的。父皇那张椅子是特制的，除此之外，<u>我还做了好些</u>，准备看看样子卖出去小赚一笔。（府天《武唐攻略》）

（44）商量的结果，<u>思成、徽因决定</u>，还是先停几天看看情况再说。思成打算与"中美庚子赔款基金会"联系上，看是否能为营造学社申请到研究基金。（张清平《林徽因》）

（45）姜贻新走了，<u>林雁冬</u>迫不及待地打开文件看了起来。这份文件从开始起草到最终完工，她已经看过不知多少遍了。不，从调查数据、酝酿整体治理方案、到一个厂一个厂的落实治理措施，她已经熬过不知多少个通宵了。（谌容《梦中的河》）

（46）韶华的"八字命造"，红鲜鲜的，在一支白烛上烧，<u>能才一回房</u>，看了上去要抢，韶华伸手一挡，那副凛然的神情叫能才愣了半秒，再上去抢命造，韶华把窗一推，把那连火烧著了半张的命造加上蜡烛，全都丢到窗外去。（三毛《滚滚红尘》）

上述四句中"看"仍然具有动词性，可以重叠，也可以带时体标记，叙述视角为当事人视角。"看X₁"原本是反映主体的动作行为，当主体与"看X₁"不存在语义支配关系或者主体是述物主语时，就一定存在一个更高一层的言者主语没有在句法表层出现，"看X₁"只能分析为情态词。至于归属于哪种情态，我们认为是"认识情态"。所谓"认识情态"，即对命题为真的可能性或必然性的看法或态度（彭利贞，2007）。其实，认识情态的本质属性是"非确定性"（宗守云，2015）。情态型"看X₂"源结构不同，主语提升也要分别对待："看样子、看情况"首先经历配价成分提升为句法主语，再由逻辑主语提升为言者主语。例如：

（47）a 看阿炳的样子也不像个知书识墨的人……

　　　b <u>阿炳</u>看样子也不像个知书识墨的人，索性不念那些屁片子，跟我打铁去吧！（欧阳山《三家巷》）

（48）a 看你家厨房一团混乱的情况……

　　　b <u>你家厨房一团混乱</u>，看情况你果然还没吃饭。（乔安《亲亲小懒猫》）

"样子、情况"为一价名词，由于语用的需要，其领属性的配价成分"阿炳、你家厨房一团混乱"成为交际双方关注的信息，被提升至句首作话题，后面可以有停顿，也可以出现话题标记,"看样子、看情况"某种程度上已经情态化了,作为情态成分对命题进行推断评注,"看"的逻辑主语被提升为更高层次的言者主语。而"看起来、看上去"则经历小句主语提升为全句话题,再由逻辑主语提升为言者主语。例如:

(49) a 看上去那双赤裸的脚如一张苍老的脸,……

    b 那双赤裸的脚看上去如一张苍老的脸,那一道道长长的裂痕像是一条条深深的皱纹,裂痕里又嵌满了黑黑的污垢。(余华《一九八六年》)

(50) a 看起来腰这个东西,在人身上,是最不重要的部位,……

    b 腰这个东西,在人身上,看起来是最不重要的部位,它既不管吃喝,也不主生死,可它对女人来说,却是贵之又贵的。(李佩甫《羊的门》)

例(50)和例(51)中,"那双赤裸的脚、腰"作为话题,后面可以有停顿"那双赤裸的脚,看上去如一张苍老的脸;腰,看起来是最不重要的部位",也可以出现话题标记,"那双赤裸的脚吧,看上去如一张苍老的脸;至于腰,看起来是最不重要的部位"。小句主语提升为全句话题后,二者后的小句宾语就不再是完整的小句形式,仅是一个 VP 形式,"看"的逻辑主语成为言者主语,走上情态化道路,对命题进行评注。"看 X_2"源结构虽然不同,但都经历句法主语到言者主语的提升,言内成分到言外成分的演变,"看 X_2"也逐渐走上情态化发展之路。

4.2　代词脱落

述谓性的"看 X_1"与主语句法关系较为明显,且主语也只能为第一人称,人称代词或当事人的句法位不能空缺。例如:

(51) 咱们先看样子,价格头几天我已经跟你们分别打了电话。(鲍光满《苦旅》)

(52) 等会炮袭停止,大家依旧往上冲,不过方向有改变,向着左边的那些巨石,我们先到达那里,再看情况。(一仓康人《老山狙击手》)

(53) 陈一平拿起合同迅速看起来。很快就看完了,主要内容一是双方自愿,如果血液试验不产生排斥反应即进行手术;二是手术后第一期付给他补偿金十万元,半年后不产生排斥反应,再付给补偿金十万元。(电视剧《冬至》)

(54) 华璎在楼梯上顿住了脚步,从楼梯边的窗口抬头看上去,看着三楼。隔着江南深秋繁密的雨丝,最东边的窗口上,她看见了一个男子的背影。(沧月《武之魂系列》)

上述四例,"看样子、看情况、看起来、看上去"去范畴化特征不明显,语义较为实在。在语用推理和隐喻机制作用下,语义从"看""观看"的动作域(源域)投射到"推测""估计"情态域(目标域),由现实世界域发展为逻辑推理域(沈家煊,1997),属于"推测义"的认识情态。"看 X_2"去范畴化特征明显,句法关系也发生转变,由"看+样子/情况;看+起来/上去"发展为"看样子、看情况、看起来、看上去+谓宾/小句宾",由言说和感知动词发展为认识情态义具有一定的跨语言共性①。情态型"看 X_2"的一个句法表现就是言者"我"的脱落。例如:

(55)张宝珠的肚子一天比一天大,[我]看样子她又快要生孩子了。本来,自从安娜走后,高夫人病了,高家曾经有过一段时期,显得特别死气沉沉,可是近来,高夫人又在忙着筹备婴儿的用品。(岑凯伦《合家欢》)

(56)那明黄色的符纸上,正散发着淡淡的光晕,[我]看情况应该是道符启动了大半之后,才被百里宾突然打断。(开荒《八荒诛魔录》)

(57)当我醒来的时候,奇怪,我正躺在一张床上。这屋子比较黑,窗帘都拉上了,但是这间房子[我]看起来还是蛮讲究的。这是在哪里? 是在阴曹地府里吗? 是在运粮船上做梦吗? (马识途《夜谭十记》)

(58)潮湿披散的头发遮住了她的半张脸。她的双手撑住床沿,事实上撑住的是她的身体。隆起的腹部使她微微后仰,脚挂在床下,脚上苍白的皮肤[我]看上去似乎与里面的脂肪脱离,如同一张胡乱贴在墙上的纸,即将被风吹落。(余华《夏季台风》)

上述四例中言者主语"我"脱落后,"看 X_2"在语义上完全情态化,句法上也就会发生重新分析:"张宝珠的肚子、那明黄色的符纸、这间房子、脚上苍白的皮肤"等话题性成分成为实际的句法主语。"看 X_2"情态化以后,其性质、辖域和句法位置都发生了变化。就其性质来看,"看 X_2"不再是命题成分,而是情态成分;就其辖域来看,既可全幅评注,也可半幅评注;就其句法位置来看,"看 X_2"可以在句内做相对自由的移动,自主度提高。经主语提升、代词脱落而发展为情态词并不是孤立现象,黄正德(Huang,1989)认为,汉语是代词脱落(pro-drop)语言,李明(2008)讨论了"容/许、烦/劳、许/准、欲、保"等动词的情态化过程,发现这些动词也是经过这样的过程实现情态化的,宗守云(2015)也认为"不知道、不记得、不清楚"也是经主语提升、代词脱落而具有情态动词的性质。

---

① 言说和感知动词发展为认识义是世界上很多语言的共性。(引自贝罗贝 2009 年 12 月 11 日在中国社会科学院语言研究所做的学术报告《语法化理论的一些问题》,转引自曹秀玲(2010)。

4.3　以命题为操作域

情态型的"看 X$_2$"并不是命题成分,但却能对命题表达产生影响,属于语言的元层面,可以视为评注性准副词(张谊生,2006b),其作用域为整个命题成分,句法位置灵活多样,既可以出现在小句主语之前,对命题进行全幅评注。例如:

(59) 飞机票是今夜七时的班机,<u>看样子</u>事情真的很急,也好,离开三五七天,度过尴尬时期,回来时又可享受到叮咛的如珠妙语。(亦舒《香雪海》)

(60) 第 59 分钟上港用吕文君换下埃尔克森,<u>看情况</u>埃尔克森比赛中受伤。(新浪体育 2016 - 05 - 08)

(61) <u>看起来</u>他们还不知道我们钻进他们的老窝子里来了。我们要在他们的大部队没有回城以前,把县城给他端了,然后走路。(马识途《夜谭十记》)

也可以在主语之后,对命题进行半幅评注。例如:

(62) 我不敢再叫了,在那里站着不知道该怎么办,那时候天都亮了,我想了想还是先送家珍去城里医院吧,家珍的病<u>看样子</u>不轻,这桶底煮烂的事待我从医院回来再去向队长做个交待。(余华《活着》)

(63) 他的手中,拿的居然是一个雷属性的高级法器,<u>看情况</u>比起顶级法器只差一点。(十年残梦《超级炼丹记》)

(64) 艾洛伊莎叫了两杯,豹子乳<u>看上去</u>浓浓稠稠,色泽润白。我凑近杯口,闻了一闻,有点牛奶味,又有椰子味,还略带酒香。她拿起一杯,碰碰我的杯子,挑战似的,仰着头一干而尽。(朱邦复《巴西狂欢节》)

(65) 当时哈尔滨有个学府路,就跟北京的学院路似的。我在一个辩论赛场碰见他了。他当时说了一句话:"这个地球<u>看起来</u>很大,其实还是很小的,咱们又碰上了。"(安顿《绝对隐私》)

两种评注方式的差别在于,全幅评注是以句外因素作为评注基点,半幅评注是以句内因素为评注基点。从所表信息的角度看,全幅评注时,连同主语整个句子都是新信息;半幅评注时,则只有述题是新信息(张谊生,2014)。此外,情态型的"看 X$_2$"充当高谓语进行评注时,可以与表揣测功能的评注性副词"大概、好像、也许、想必、算是、似乎、可能、恐怕"等以及具有削弱句子肯定性的揣测性语气词"吧"(韩洋,1995、徐晶凝,2003、周士宏,2009、赵春利、孙丽,2015)共现使用。"看 X$_2$"对副词类型和语气词类型的选择从语义兼容度说明推理和估测是情态型的"看 X$_2$"的基本功能,隐性否定义是基于此的语用化的结果。例如:

（66）看样子恐怕不会饶过他们。

看情况好像不乐观。

看起来似乎很简单。

看上去也许不纯洁。

（67）看样子吧，我父亲节的时候，还得给我爸买一个。

看情况吧，什么时候不想活就不活了，这也简单。

有些男人看上去吧，什么都好，偏偏就有这么一个嗜好。

看起来吧，挺厚，到了一试，躺下就平了，和没枕一样。

与评注性副词和语气词共现配合更加表明情态型的"看 X_2"具有高层谓语性质，使其在语言的元层面（meta-level）发挥评注与语篇功能。总之，"看 X_2"在满足情态化的条件下，经主语提升、代词脱落和以命题为操作域，最终完成了情态化，成为认识情态的推论标记。

第八章 "看样子"的语篇推理模式
及其相关问题

本章以"看样子"为分析对象,研究其所表现出的句法语义语用等一系列去范畴化表现,分析"样子"的虚化历程,并提取出"看样子"的语义背景和语篇模式,分析"样子、情形、情况、形势、架势、样式、状况、相貌"等这类一价摹状名词是如何造成"看 N(一价摹状名词)"短语内部的虚化层级,最后分析虚化程度最高的"看样子"与源于动补构造的"看上去、看起来"在功能上的异同。

1. 虚化历程与句法差异

"看样子"在现代汉语中语法化为情态成分,可以表达人际功能,当前后小句内在逻辑关系凸显时,还具有建构语篇的衔接功能。

1.1 主语提升

作谓语的"看样子"句法关系较为简单,构成命题成分,表达的是行域层面的动作行为,与主语的关系较为明确,"看"具备动词的经典范畴特征。例如:

(1) 那个褚啸天,就不特别介绍,光看样子便是一个革命党人。夏之时和他们那们亲密,若说平日没有来往,那才见鬼哩!(1961 年《人民日报》)

(2) 唐伦武笑逐颜开,随即从衣袋里掏出一张照片,天真地说:"就请你帮忙,让对方先看看样子。"(1962 年《人民日报》)

上述两例,"看样子"的句法主语是实际存在的,可以是说话人,也可以是一个回指代词,一价名词"样子"关联的论元所指也是十分明确的,如"革命党人、唐伦武"。就主语类型而言,可以区分为句法主语(syntax subject)和言者主语(speaking subject)。句法主语语法化程度较低,句法层级也低于言者主语,一般多以词汇形式出现在句中,也可以用人称代词回指。言者主语语法化程度较高,句法地位也高于句法主语,一般不在句中出现,不具有有形词汇表征,但可以通过词汇表征句法降级为小句主语。"看样子"的虚化就经历了句法主语到言者主语的提升,由命题成分到独立成分的转变,其中之一的验证形式就是作句法删除时并不影

响语篇的意义,句法辖域随之扩大,可以相对浮动。例如:

(3) 再说刘綎将军,正准备结果那代善的性命,不料又来一个黑脸大汉,把他换下去了。他心里想:这黑大汉看样子有些气力,俺得让他尝尝厉害才行!(李文澄《努尔哈赤》)

(4) 达庆心中七上八下,又试探道:"噢,我明白了,你刚成了亲,媳妇从娘家带来一点陪嫁银子!可是你要非说东口的银车……"。致庸一撩衣摆,坐下道:"四哥,我的话看样子你是死活也不信了?"(电视电影《乔家大院》)

(5) 因为有月光照着,齐英看见公路快要修成,民伕们还没有收工。他们有一下没一下地干着,看样子象是连把铁锹也拿不起来。(刘流《烈火金刚》)

(6) 他捂住眼睛,刚要张嘴说几句反抗的话,电光突然转移了方向,定定地照在一座白石头凿成的墓碑上。墓碑上的阴刻大字看样子不久前重新油漆过,鲜红的颜色,令他触目惊心。(莫言《酒国》)

上述四例,句法主语"这黑大汉、我的话、他们、墓碑上的阴刻大字"与"看样子"之间没有论元指派关系,"我的话、墓碑上的阴刻大字"更是没有施动力的述物主语,"看样子"没有结构层面的语法主语,其主语是被提升为句法层级更高的言者主语。兰盖克(2000:296,306)指出当主语对谓语中心的控制力逐渐衰弱时,句义就会发生主观化,句子主语就会变成言者主语。例(3)、例(4)的"看样子"作句中插入语,例(5)"看样子"作句间插入语,其删除后,也不妨碍命题意义的传达,"看样子"就成为语篇中的元语言(meta-language)成分,句中可与语气词"吧"连用。例如:

(7) 世人总有很多欲望,有很多想做的事,只有克制才会成为更优秀的人,看样子吧,即便我再优秀,都不会有着落的样子。(新浪微博 2016-04-07)

"吧"的句子功能分布具有较强的规律性,主要分布于揣测性的陈述句、求证性和征询性的疑问句和商榷性的祈使句中,折射出"吧"具有较强的命题信息未定而主观情态求定的意向(赵春利、孙丽,2015),"看样子"与其共现配合,更能呈现出句法上的独立性和功能上的认识情态。

1.2 语义虚化

认知域包括现实世界域、逻辑推理域和言语行为域(沈家煊,1997)。构成命题成分的"看样子"表示视觉的"观看义",充当独立命题,形成事件主干信息并描述事件进展,是现实世界域,表示词汇概念义,具有客观意义。客观意义主要指命题成立的真值条件语义,与主观意义相对。"看"的基本义是"观看、察看","看样子"的客观意义就是某人观察自身/他人或他物的模样,这一语义是其向认识情态发展的体验基础。从行域的"观看"到知域的"推测",是一种隐喻,因为身体和心灵是相关的(曾立英,2005),"看样子"获得了人际意义,表达对所述命题可能性的判断,涉及"对命题的信仰、知识、真实性"等问题以及"说话的人对其所说的话的坚信程度"(Palmer,1986)。例如:

（8）做事不喜欢拖拖拉拉,前天铁山矿已派人来联络,再不响应,就不妥当了。今天去会了那佟游击,看样子,已难争取过来,依俺说,趁势打铁,给他一个快节奏,免得夜长梦多。请诸位发表看法。(李文澄《努尔哈赤》)

（9）真正使她心痛的,还不是这件事,而是他对"欣桐"的一片痴情,看样子,自己和欣桐来比,大概在他心目里,不到欣桐的百分之一!(琼瑶《月朦胧鸟朦胧》)

（10）店里还有很多吃团年饭的客人,世上总有寂寞的人。今晚看样子她要陪姑婆吃饭,八九点才回父母处去。(亦舒《红尘》)

（11）邵卓生冲了进来,以为她死了。一位护士小姐过来按了按她的脉,翻开她的眼皮看了看,对灵珊说:"她是醒的,但是她不理你! 看样子,她是真的不想活了!"(琼瑶《月朦胧鸟朦胧》)

上述例句,"看样子"表达了言者的立场、态度和情感,不参与命题意义建构,句法独立性较强。"看样子"的情态义也是基于事理与体验的语用推理的结果:当某人被要求观察自身/他人或他物的模样时,其实也是在对自身/他人或他物进行评估,两者之间有一种自然的语义过渡,起初这种意义是招请推理产生的临时会话含义,高频使用后,该意义就规约化并进一步语义化了。当注意的焦点转向前后小句的内在逻辑关系时,衔接功能就凸显出来了,语篇的组成部分能够互相联系起来,表明话语的理解方向,并根据该方向寻找话语的关联性(吴福祥,2005)。例如:

（12）前村离这村只有三四里地,走到村边,果然见村口场地里排着一队老百姓在领"良民证",一个汉奸站岗,一个汉奸管发,还有一个汉奸背着手枪,一只脚蹬在椅子上,口里叼着烟卷,看样子是个当官的。(李晓明《平原枪声》)

例(12)"一只脚蹬在椅子上,口里叼着烟卷"是原因句,"是个当官的"是结果句,二者构成了推论因果关系,前后语篇的关联通过"看样子"来衔接。若将"看样子"删除,话语就不太好理解,关联性也不明显。

1.3 "样子"泛化

"看样子"的虚化除了"看"由表示视觉的"观看义"经隐喻发展为知域的"推测","样子"的泛化也造就了该动宾短语的整体虚化,过往研究对此很少提及。据《现代汉语词典》(第七版),"样子"的词义如下:名词。① 形状;② 人的模样或神情;③ 作为标准或代表,供人看或模仿的事物;④〈口语〉形势;情势。"样子"本来是个名词,最早见于五代时期,仅在《祖堂集》中见 1 例。例如:

(13) 众参,师云:"若有白纳衣,一时染却。"于时众中召出一僧,当阳而立。师指云:"这个便是样子也,还有人得相似摩?"众皆无对。(《祖堂集》卷十)

这个"样子"是有实际指称内容的,即"供人效法、模仿的榜样",充当宾语。宋代以后,"样子"开始多见,可以充当动词宾语、介词宾语。例如:

(14) 吾友既如此说,须与人作样子。第一,下工夫莫草略。研究一章义理已得,方别看一章。(《朱子语类》第一百一十八卷)

(15) 后之人此心未得似圣人之心,只得将圣人已行底,圣人所传于后世底,依这样子做。做得合时,便是合天理之自然。(《朱子语类》第八十四卷)

例(14)和例(15)中"样子"还是名词,分别充当动词"作"和介词"依"①的宾语,意为"供人效仿的榜样和样式"。例(14)"样子"意义较实,可理解为"榜样";例(15)"样子"意义较弱,可理解为"样式",不具有主观性。这期间"样子"语义也开始泛化,不再实指具体的榜样、式样,而是虚指抽象的"情形、形势"(孙利萍,2017),这与我们的认知有关,我们总是以具体的叙述来表达抽象的东西,外延扩大,指涉范围越来越宽,只是用频不高。例如:

(16) 平旦之气,便是旦昼做工夫底样子,日用间只要此心在这里。(《朱子语类》第五十九卷)

该例中"样子"语义较为抽象,不能去掉,去掉语义不完整。到了明代,名词"样子"的语义表示事件发展的"情况、形势、状况"等抽象义了,用频也多了起来。例如:

(17) 此后楼上若点起三个灯来,便将竹梯来度你进来;若望来只是一灯,就是来不得的了,不可在外边痴等,似前番的样子,枉吃了辛苦。(《初刻拍案惊奇》第二十九卷)

---

① "依"根据马贝加(1990)考证,在东汉已经完成了介词化过程,是成熟的介词了。

(18) 当时裴五衙便叫厨役叫做王土良,因有手段,最整治得好鲊,故将这鱼交付与他,说道:"又要好吃,又要快当。不然,照着赵干样子,也奉承你五十皮鞭!"(《醒世恒言》第二十六卷)

这两例,"样子"表示"事件发展的情况",前例表示"前番(上次)在外边痴等的情况",后例"赵干样子"并不是表示"赵干的模样"的实指义,而是表示"和赵干一样被奉承五十皮鞭的情况"。清末后期,已经完成虚化的"看"①与"样子"组合在一起,伴随"样子"论元成分的丢失,"看样子"完成重新分析,发展成为知域层面的情态成分。例如:

(19) 门生蒙老师如此栽培,实在无可报答,看样子,门生的母亲未必再容门生出洋。门生的意思,亦就打算引见到省,稍谋禄养。(《官场现形记》第五十六回)

(20) 石铸找来找去,找到一座帐房,见里面有人,是个紫黑的脸膛,正是金景豹。喝得醉醺醺的,看样子刚把残桌撤去,旁边有七八个人伺候他。(《彭公案》第二百一十回)

例(19)、例(20)中,"看样子"是句法结构以外的成分,与小句结构关系松散,人际上表达以言者为中心的主观看法,语篇上表达话语关联的衔接功能,构建话语之间的关联性。

2. 推理类型与语篇模式

"看样子"的人际意义体现在说话人对某一情况的简单判断、推估(王健慈,1997),其在话语中建构语篇需要满足特定的语义背景,否则语篇不能成立。赵彧(2018)提出"看样子"具有感知功能、推估功能与总结功能,其实也都是建立在 p 与 q 的语义背景上。语义背景可以概括为:

ⅰ. 存在两个命题:p 与 q;

ⅱ. p 与 q 要满足"前提-结论"的推理关系。基于 p 与 q 的推理关系,"看样子"在语篇中可以建构的不同语篇模式:

2.1　似然推理与模式 Ⅰ

语篇模式为"p,看样子 q",该模式中,"看样子"之前是前提,之后是经由前提

---

① "看"在宋朝就虚化为认知动词。

推理出来的结论,前提与结论之间没有必然联系。例如:

(21) 以前的三间土坯房,早已翻新成六间大瓦房。中间隔了一道墙,成了两个院。【这两个院的前边,又有六间房子的大样盖出来了,只剩下泥墙抹灰、盘炕垒灶(前提)】。看样子,【老五的媳妇大概就要往这新房里娶了】(结论)。(张平《姐姐》)

(22) 这孙俊英是位二十八九岁的女人,因为【从小没干过粗重活计,也没生过孩子,又会修饰】(前提),看样子【比实岁更少嫩些】(结论)。她个子挺高,细条身材,头发擦着麻油,皮色白黄均匀,一层薄粉蒙住了脸上的雀斑。(冯德英《迎春花》)

例(21)、例(22)中,依据观察对象的呈现状态("六间房子的大样盖出来了,只剩下泥墙抹灰、盘炕垒灶"和"从小没干过粗重活计,也没生过孩子,又会修饰")形成推理依据,得出结论"老五的媳妇大概就要往这新房里娶了、比实岁更少嫩些",由前提得出的结论并不肯定是精确的、唯一的,二者是构成含有模糊命题的似然推理。

例(21)的三段论为:

大前提:大多数人建新房是为了娶媳妇。

小前提:老五家又有六间房子的大样盖出来了,只剩下泥墙抹灰、盘炕垒灶。

结 论:老五的媳妇大概就要往这新房里娶了。

例(22)的三段论为:

大前提:干过粗活重活,生过孩子又不会打扮的女人,通常会显得年老。

小前提:孙俊英从小没干过粗重活计,也没生过孩子,又会修饰。

结 论:孙俊英比实岁更少嫩些。

由上可知,模式Ⅰ的语篇模式中,"结论"部分具有未然性。模式Ⅰ在运用中还会产生变体形式:"看样子 p,q"。例如:

(23) 他极力抑制着自己的激动,想冷静地分析一下这迫在眉睫的紧张情况。看样子,【群众如果继续向里面进攻】(前提),那么,【和"三一八"同样的惨案,顷刻间很可能就要发生了】(结论)。(杨沫《青春之歌》)

(24) 五爷原来有这个念头,自己身份不好,头软,怕人们借了不还,自己也不敢讨要,借出去的钱算肉包馍打狗了。现在好了,看样子【没人赖账】(前提),【到时候能收回一大笔钱】(结论)。(香与香《乔典运》)

"看样子"在模式Ⅰ的语篇模式中,其辖域仅到结论部分,而在变体形式中,"看样子"辖域变大,可以对推理过程进行全幅评注。

2.2　回溯推理与模式Ⅱ

语篇模式为"q,看样子 p",该模式下,"看样子"之前的语篇内容是结论,之后的语篇是基于此结论而追溯的前提。推理的前提不是单独地由结论逻辑地推导出来的,而是由结论和通常被省略的其他前提结合起来推导出来的。例如:

(25) 那队长急步上前,对林丹说道:"嗒嗒米死了!"林丹一听,遂问道:"怎么死了?""不知道。【他七孔流血,浑身乌青】(结论),看样子【是中毒而死】(前提)。"(李文澄《努尔哈赤》)

(26) "为什么想不到是我? 你朋友很多吗?"海萍不好意思地笑了:"你怎么认识他的?【他很帮忙,我让他告诉我收费多少,他都不肯说】(结论),看样子【与你关系很好】(前提)。"(六六《蜗居》)

例(25)和例(26)都是依据观察得到的结论("七孔流血,浑身乌青、他很帮忙,我让他告诉我收费多少,他都不肯说")回溯产生这种结论的理由("中毒而死、与你关系很好"),这种推演是语句的非必然性推演(陈宗明,1993),并非逻辑的必然,这种由结论回溯理由的推理是回溯推理。

例(25)的推理形式为:

大前提:七孔流血,浑身乌青是人中毒的外在反映。

结　论:他七孔流血,浑身乌青。

小前提:他中毒了。

例(26)的推理形式为:

大前提:一般找人帮忙做事是需要付出报酬的,除非关系不一般。

结　论:我让他告诉我收费多少,他都不肯说。

小前提:他与你关系很好。

由上可知,模式Ⅱ的语篇模式中,"结论"部分具有已然性。模式Ⅱ在使用中也会产生变体形式"看样子 q,p"。例如:

(27) 车拐进麋鹿场,前面是一个很小的坝子。没有什么设施,只有一个大草棚和几间并排的茅屋。看样子【没撤】(结论),【有一间茅屋还亮着灯】(前提)。(叶楠《祝你运气好》)

(28) 时时响起要草料吃的牲口刨蹄子、嗷嗷叫的声音外,再就是那些躲在阴暗角落的虫子,发出挣扎般的啼鸣。看样子【天气要下雨】(结论),【浓云擦着南山顶,向西北方向调遣,潮湿的空气使人皮肤发痒,村南头谁家的老

牛发出沉闷的叫声】(前提)。（冯德英《迎春花》）

例(27)和例(28)前提部分都是作为结论部分的补充说明放在后面的。我们发现,"看样子"的两种语篇模式及其各自变体形式在运用中不是孤立的,p与q可以互换语序。例如:

(29) 她疲倦了,喘不过气来,看样子,她想拒绝。（托尔斯泰《战争与和平》）　　　　　　　　　　　　　　　　　　　　　模式Ⅰ

　　　看样子,她疲倦了,喘不过气来,她想拒绝。　　　　　　　变体形式

　　　她想拒绝,看样子,她疲倦了,喘不过气来。　　　　　　　模式Ⅱ

　　　看样子,她想拒绝,她疲倦了,喘不过气来。　　　　　　　变体形式

最后,若p与q之间不存在推理关系,"看样子"就无法建构语篇。例如:

(30) *a 小王饿了,看样子已经走远了。

　　　*b 小王已经走远了,看样子饿了。

语言是思维的直接映现,"看样子"的语篇模式所运用到的两种推理(似然演绎推理与回溯推理)揭示出人类思维的两种过程,在似然演绎推理中,推理的过程和推导的方向是相同的(从理由到推断)。而在回溯推理中,推理是从推断到理由。因而,推理的方向和命题之间的推导方向相反(齐姆宾斯基,1988)。

3. 虚化层级与相关问题

由一价摹状名词构成的"看N"结构虚化程度不一,摹状名词的语义泛化也会影响层级的形成。"看样子"在使用中具有语用否定功能,与"看上去、看起来"在语法上呈现趋同性的同时,也表现出异质性。

3.1　虚化层级

汉语中诸如"状、式、样、相、型、态、貌、势"等单音节词可以后附在词、短语或小句后发展为摹状助词(张谊生,2008),也可以经过双音化保留在现代汉语中,其语义上必须关联一个名词性成分,功能上主要用来描摹对象的某些典型形状、表情、外貌等外在特征,因此可以称其为一价摹状名词。该类词的双音形式,如"样子、情形、情况、架势、趋势、状态、状况、相貌、外貌"等,与"看"构成的"看N(一价摹状名词)"短语内部在共时层面呈现出不同的虚化层级。例如:

(31) 陌生人解开扎着右腿的破布条,拉起破棉裤,在小腿肚上揭开膏药,让高

　　夫人瞧，说："幸而没伤着骨头，足有两寸深！"高夫人看见果然是箭伤，而且看样子伤口不浅。（姚雪垠《李自成》）

(32) 谢尼库耳才说，法国军队进入俄国中心，形势不太妙。看情况，在还没取得关键性进展的时候，行军就要终止了。（普希金《洛兹拉甫列夫》）

(33) 晚上，他们回来了，带着那么多的"财喜"，看情形，显然是完全胜利，而且不象昨天那样小干的了。老头子喝得泥醉，由鬼冬哥的背上放下，便呼呼地睡着。（艾芜《山峡中》）

　　"看N（一价摹状名词）"短语虚化层级的判定可以依据句法语义的 3 条标准：其一，句法主语是否为论元主语。其二，"看"的范畴特征。其三，是否具有"前提—结论"的语义背景。例(31)、例(32)和例(33)中，"高夫人、谢尼库耳、他们"等句法主语与"看"没有论元关系，"看"的动词范畴特征（时体、重叠等）也丢失了，"看样子、看情况、看情形"衔接的前后小句具有推理关系，并且它们分布具有灵活性，不参与命题意义的建构，语法上重新分析为表达言者主观看法的情态成分。受类推影响，"看架势、看形势"也开始发展出了人际功能和语篇功能，只不过目前用频较低。例如：

(34) 一阵胡弦响，我一回头，牛犊和几个青年走进院子，有的提着板胡，有的拿着鞭鼓、梆子。看架势，是要尽兴唱"乱弹"了。牛犊看见我，嘻嘻哈哈说："啊呀，你的鼻子真灵！从城里也闻见这儿的香味咧？"（陈忠实《幸福》）

(35) 副官用力一脚——把一个踢了一个翻身，于是我们便从死者番号上看出了，真正是我们部队里的兄弟。看形势，被害至多总还不到一个对时，大约是在昨天上午，刚刚大队过完之后，被好汉们"截尾子"杀死的。（叶紫《行军掉队记》）

　　"看架势、看形势"还处于语用化的阶段，情态用法没有固化为语法功能，既可以作命题意义的分析，也可以作情态用法分析，句法主语"我、我们"与"看架势、看形势"有论元关系，"看架势、看形势"衔接的前后小句有推理关系。与"看架势、看形势"功能相近的"看光景"也发展出情态用法。例如：

(36) 村头有一片树荫坟地，最大的祖宗坟顶，长着棵大杜梨树。树干纵错伸张，枝叶交相掩映，活赛一把乘凉大伞，看光景，即是落阵暴雨，也难滴下水来。（李英儒《野火春风斗古城》）

　　张爱玲（2016）指出"光景"在隋唐时期出现了"情形，情况"义，到了明代，"光景"才出现了新用法,即"模样,样子"义,它是从"情形,情况"义引申而来的。而有的"看 N(一价摹状名词)"成员目前还是行域层面的概念功能,人际功能和语篇功能还没有发展出来。例如:

(37) 做衣服并不难,最耗功夫的是设计,她一般先到商场里看样式,到汉正街买布料,再回家构思改良。(2012 年《武汉晚报》)

(38) 目前李铁、格拉维森、根米尔竞争两个为位置的格局不会被打破,而林德罗特等人则基本上没有机会了。大体说来,李铁、格拉维森和根米尔三人机会均等,上谁全看状态。(都市快讯 2003 - 3 - 18)

(39) 他们把新招职工的个体素质放在首位:看外貌更注重精神面貌,看考录成绩更看重原先成绩。(1997 年《人民日报》)

例(37)、例(38)和例(39)中,"她、教练、他们"是"看"的施事论元,"看"的动词范畴特征都还很明显,表达的意义都还很实在,无法衔接两个小句,更遑论推理关系了。分布位置也固定,不能像知域的"看 N(一价摹状名词)"作相对浮动。而且,"样式、状态、外貌"关涉的论元成分比较具体("衣服、李铁,格拉维森和根米尔三人、新招职工"),还没有泛化。基于上述分析,可以整理出"看 N(一价摹状名词)"内部较为明晰的虚化层级,如下:

$$看样子 \qquad 看架势 \qquad 看样式$$
$$看情况 \quad > \quad 看形势 \quad > \quad 看状态……$$
$$看情形 \qquad 看光景 \qquad 看外貌$$

细究发现,形成这种层级除了与动词"看"的语义虚化相关,摹状名词的语义泛化也对层级的形成产生影响,层级左列的"样子、情况、情形"语义泛化程度较层级右列的"样式、状态、外貌"要高,其所关涉的论元范围也较大,可以是事物论元,也可以是事件论元,而右列多为事物论元。

3.2 语用否定

语义演变的主要驱动力来自动态的言语交际过程,隐含义或者推理义既具有认知基础,也需要交际促发。"看样子"浮现出的话语否定义是基于语言的主观性和交际双方的互动,是基于语用推理的动态的语用化过程。如:

(40) 丁尚武说了声"知道",看样子像是不在乎,可是他心里也着了急。又说道:"今天先不讲别的了,马上出发,要急行军。急行军懂不懂?"(刘流《烈火金刚》)

（41）中间的一组对着门口，是一张精工雕制的红木方桌和四张镶了织锦座位
　　　的红木靠背椅子，看样子象是打麻将用的，如今却摆着粉红色的外国花
　　　瓶，里面插着几枝淡红色的玫瑰。（欧阳山《苦斗》）

如果一种语言形式经常传递某种隐含义，听者会利用言内和言外知识进行回溯推理（abduction），显化隐藏在话语背后的会话隐含义，使得词语的"言外之意"逐渐明确化、固定化。

例（40）否定义产生的回溯推理过程为：

事理为：如果不在乎，心里就不会着急。

事实为：他心里也着了急。

结论为：其实他很在乎。

例（41）否定义产生的回溯推理过程为：

事理为：如果是打麻将用的，就不会摆着粉红色的外国花瓶，插着几枝淡红色的玫瑰。

事实为：摆着粉红色的外国花瓶，里面插着几枝淡红色的玫瑰。

结论为：不是打麻将用的。

客观情状与主观推论可以相符，也可偏离。"预期偏离"是否定与转折关联的语用机制[①]，句法上诸如"但是、可是、却、事实上、实际上"等转折标记标示预期偏离。下图中，C是客观情状，若"看样子"基于"前提—结论"形成的主观推论 A 与客观情状 C 相一致（如图6），命题则表现为肯定（"看样子要下雨，真的下雨了"）；若主观推论 A 偏离客观情状 C，出现了未曾料到的 B（"看样子要下雨，事实上天晴了"），则打断了正常的事件链条，心理上造成逆转（如图7），转折和否定就关联起来了。

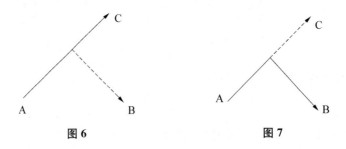

图6　　　　　　　　　　　　　　　图7

更进一步看，如果是社会预期中共有的、不言自明的，符合常理和常识，或者是言内可推导的，在量原则的制约下，这些已知信息或常识信息的后续转折小句可以

---

①　参见尹洪波《否定与转折》，《语言研究集刊》，2014 年第 13 辑，第 26—33 页。

不出现,"看样子"的话语否定义被语境吸收了。例如:

(42) 这么大的队伍,还这么正规地上课,公司看样子不错,[ ]。(2004 年《新民周刊》)

语言交际传递信息既要足量,也不要过量。言者如果基于常理或常识就能表达交际意图,就不会赘述多余信息,听者也可以利用自身知识结构推导出言者所言意图。例(42)传销公司的样子只是徒有其表,其后续由转折标记连接的成分(见[ ],如"其实不然。")是过量成分而有意缺省,话语否定义可以基于语篇和常理推导出来,从而加强言者与听者的双方互动。同时,也要看到"看样子"的话语否定义是语用化的过程,对语境的依赖较强,具有可取消性,话语否定义还没有完成语义化(semanticization)过程成为新的编码意义。

3.3　相关问题

虚化程度最高的"看样子"表示推论因果关系,基于前面所述的事实推出结论(张斌,2003b),"看上去、看起来"表示通过观察,根据实际情况加以判断(王凤兰,2005),学界主要从评价与推测的角度研究它们的功能差异与虚化程度。一般认为"看样子"是表达推测义的,"看起来"以推测义为主,评价义为辅,"看上去"则相反。据此,三者的虚化层级是"看样子>看起来>看上去"(刘楚群,2009;陈然,2018;胡日,2018),这的确可以解释一些现象,但评价与推测很难截然分开,评价是一种未完全语法化的推测,所以研究"看样子"与"看上去、看起来"的异同可以从词语的源义积淀出发。先看"看样子"与"看上去"。例如:

(43) 裘莉套一件毛衣,穿一条牛仔裤,配平跟凉皮鞋,别有风味,我非常着迷。我带着她与孩子们出外吃饭,孩子们很乖很听话,看样子非常有家教。(亦舒《别人的女郎》)

(44) 在这里,各人觉得怎样舒适便怎样。东尼只穿着一条比游泳裤还窄的带裤,如非那连腮胡子,看上去倒像个标准印第安人。(朱邦复《巴西狂欢节》)

例(43)基于"孩子们很乖很听话"推理得出"非常有家教"的结论。例(44)基于"只穿着一条比游泳裤还窄的带裤、连腮胡子"得出结论"像个标准印第安人"。二者在"推测"义上可以互换,而基本语义不变。请看例句:

(43)′孩子们很乖很听话,看上去非常有家教。

(44)′东尼只穿着一条比游泳裤还窄的带裤,……,看样子倒像个标准印第安人。

　　细究发现,互换以后与原句存在细微的差异,"看样子"有表示从"孩子们很乖很听话"的外观去推断"非常有家教"的语义,而"看上去"则表示从主体出发去上下打量对象的动态意味。这种差异的形成与二者的源义积淀有关,"看样子"的重心在"样子",指涉范围可具体,可抽象,所做的推断是基于外在样貌得来的,而"看上去"重心在"上去",侧重通过视线位移得出结论。我们发现,在有"打量"意味的句子中,倾向用"看上去"。例如:

　　(45) 我惊奇地打量着她,这姑娘看上去才 20 出头,个子不高,身材略显单薄,脸色于白皙中透出几许红晕,眉毛粗黑,眼睛修长,下颏稍尖,有一张秀丽的鸭蛋脸,她静静地坐在那儿,神态矜持,沉默寡言。(李前《与林豆豆的一次奇遇》)

　　(46) 她认出了我,一脸的惊诧。打量一阵,又接上一句:"看上去,黄先生最多不过五十岁。再多的话,只多一点点、一点点……"(1998 年《人民日报》)

　　例(45)和例(46)结论的获得都是以"打量姑娘、打量黄先生"为前提的,而"看样子"侧重的是结论的获得,基于"姑娘、黄先生"的整体外貌。"看起来"与"看样子"也有着功能相似的一面,可以互换使用。例如:

　　(47) 谁知忽然之间,周炳又在无意之中发现了那个不知姓名的人。那个家伙仍然穿着黑短衫,蓝裤子,脖子上也系着红领带,看样子约莫有三十岁年纪。(欧阳山《三家巷》)

　　在表达"推测"意义上,二者功能相近,例(47)基于前面的论述得出结论"有三十岁年纪"。例如:

　　(47)′那个家伙仍然穿着黑短衫,蓝裤子,……,看起来约莫有三十岁年纪。

　　互换以后与原句存在细微的差异主要与"样子"与"起来"的源义有关。"看样子"如上分析,这里不再赘述了。"看起来"重心在"起来"上,源义是表示由下而上/由水平到垂直方向的空间运动(唐正大,2002),泛化为起点状态到终点状态,用在表示认识意义的动词后面,侧重思维过程"未知到已知"的动态认知过程。例如:

　　(48) 我想起来这个事,就觉得对不起你。(李準《黄河东流去》)

　　(49) 他抬眼再看了看若鸿,此时的若鸿,神采飞扬,双眸炯炯,看起来不那么落拓窝囊了。说不定,他真是个人中龙凤,画坛奇才呢!(琼瑶《水云间》)

例(48)和例(49)中"想起来、看起来"都有表示"由未想到到已想到、由未推知到已推知"的动态过程意义,"起来"用在"想、看"等表示思考意义的动词后面,强调思维和判断的过程(钟兆华,1985)。综上,通过推理获得结论,可以通过外在的样子,可以通过视线位移,也可以经由"未知到已知"的动态认知过程。

第九章 "样子"的助词化及其句法语义效应

先看一组例子：

(1) 他拿针的样子倒很灵巧。(戴厚英《流泪的淮河》)

(2) 天色阴暗，乌云低垂，仿佛又要下雪的样子。(魏巍《东方》)

例(1)"样子"是名词，有词汇意义，不能删除，"拿针的样子"是定中关系，例(2)"样子"相较前者，意义相对抽象，可以删除，"仿佛又要下雪的样子"很难分析为定中关系。再如：

(3) 六路车早班的最后一趟还没回来——还要等半个钟头的样子。(阿累《一面》)

(4) 剩余的放在冰箱保存，吃个三天样子都可以。(2016年《扬子晚报》)

画线部分可以抽象为"数量结构＋(的)样子"，表示的都是说话人的推测，为什么附上"样子"后就可以表示推测？另外，近代汉语中存在着诸如"样、状、相、态、貌、势"等一批用来描摹对象的某些典型形状、表情、外貌等外在特征的词，它们在现代汉语中大致有两种发展趋势：其一，可以后附在词、短语或小句后发展为摹状助词(张谊生，2008)。其二，经过双音化保留在现代汉语中，可以称之为摹状名词，如"样子、架势、趋势、形势、情况、状况"等。一般来说，具有相同语义内容的语言单位由于特定的句法语义环境会呈现出相同的演化路径，即所谓的"平行虚化"(洪波，2000)，而摹状名词除了本身的语义差异(有的语义还比较实在，有的有自己的语域)外，语法化的程度也不尽相同，从而形成了不同的语法化层级，这其中"样子"的语法化程度最高，句法语义以及语用功能都得到扩展，而有的词意义还比较具体，没有创新用法。

1. "样子"的助词化

1.1 叙述语境到推测语境

"样子"作为复合词最早见于五代时期，仅在《祖堂集》中见1例。例如：

(5) 众参,师云:"若有白纳衣,一时染却。"于时众中召出一僧,当阳而立。师指云:"这个便是样子也,还有人得相似摩?"众皆无对。(《祖堂集》卷十)

这个"样子"是有实际指称内容的名词,即"供人效法、模仿的榜样或式样",充当宾语。宋代以后,"样子"的使用开始多见,基本用法和五代相同,句法相对自由。例如:

(6) 你不晓得底,我说在这里,教你晓得;你不会做底,我做下样子在此,与你做。(《朱子语类》第十三卷)

(7) 后之人此心未得似圣人之心,只得将圣人已行底,圣人所传于后世底,依这样子做。做得合时,便是合天理之自然。(《朱子语类》第八十四卷)

由"供人效法、模仿的榜样或式样"可以泛化为呈现的景象、状态或情形、情况。例如:

(8) "好仁者,无以尚之。恶不仁,不使不仁者加乎其身"。这个便是好恶样子。(《朱子语类》第二十六卷)

(9) 你若不恁地,后要去取敛那地来,封我功臣与同姓时,他便敢起兵,如汉晁错时样子。(《朱子语类》第九十卷)

例(8)句"样子"充当名词性中心语,例(9)"样子"表示"情形义",附在小句"如汉晁错时"后,这是叙述语境,"样子"还表示客观意义,不能删除。由具体的样子发展为抽象的样子是隐喻的泛化结果。至明以后,不仅这种用法增多,而且"样子"语境扩展了,由叙述语境扩展到推测语境,说话人的态度也涉乎其中,"样子"表示说话人的主观判断或者推测[①],获得了主观性的表达功能,由抽象的样子发展为基于样子的推测,这是转喻的结果。例如:

(10) 连吆喝,递吆喝,这个枷再不见松,只见越加重得来,渐渐的站不住的样子。(《三宝太监西洋记》第七十四回)

(11) 三人进了门,只听得房间里地板上"历历碌碌"一阵脚声,好像两人扭结拖拽的样子。(《海上花列传》第五十五回)

(12) 见西上房里,家人正搬行李装车,是远处来的客,要动身的样子,就立住闲看。(《老残游记》第二十回)

例(10)、例(11)和例(12)中"样子"用在由前提而结论的推论语境中(前提是

[①] "样子"在明代就可以用在推论语境中,虚化为表示说话人的主观判断或者推测,而不像孙利萍(2017)认为在清末才完成虚化用法。

"这个枷再不见松，只见越加重得来；房间里地板上'历历碌碌'一阵脚声；家人正搬行李装车"，结论是"渐渐的站不住；两人扭结拖拽；动身"），重新分析为助词。"样子"是对结论成为事实的未然性推测，体现了言者的主观情态，句法地位降级，成为句末的附属成分，可以删除。如：

（10）′只见越加重得来，渐渐的站不住。

（11）′只听得房间里地板上"历历碌碌"一阵脚声，好像两人扭结拖拽。

（12）′家人正搬行李装车，是远处来的客，要动身，就立住闲看。

综上，"样子"完成了"具体的样子→抽象的样子→基于样子的推测"的虚化过程，这与我们的认知有关，我们总是以具体的来表达抽象的。"样子"的推测义也是认知与语用推理的结果，"样子"由"供人效法、模仿的榜样或式样"可以抽象化为"参照标准"，标准是心智中既有认知域，是潜在的，以此为语义基础，说话人将当前认知域与既有认知域的标准进行比较，由于结果是或然的，充满着不可确定性，因而是推测，"样子"的这一语义演变过程是推理到指称（inference become reference）的过程。

1.2　小句结构到数量结构

"样子"用于推论语境表示言者的主观判断或者推测一直延续至今，孙利萍（2017）把"样子"的这一用法称为"样态助词"。例如：

（13）话才说完，杨魁便精神跃跃的要想争辩的样子，忽然韩毓英、哈云飞叉手上前。（《续济公传》第一百九十六回）

而把推论事件用于推论数量后，句法范围得以扩大，这是动态活动与静态数量之间的范畴隐喻（categorical metaphors）现象。"样子"用于估量在清代已见用例。例如：

（14）更见方翁如此壮健，虽是六旬年纪，面貌却是四十余岁样子，随与女儿翠花商议，欲将其送方翁为妾，以报周全之德。（《乾隆南巡记》第四回）

（15）文命细看那夫人，年纪亦不过十几岁样子，心中暗暗称奇，便问夫人捉妖之法。（《上古秘史》第一百十一回）

例（14）和（15）中数量结构与"样子"紧邻共现，语义上有两种理解：一是修饰关系，"样子"表示"模样"，"四十余岁、十几岁"就是这个"样子"，"样子"也就是"四十余岁、十几岁"。一种是依附关系，"样子"表示估量，"四十余岁样子、十几岁样子"即"四十余岁左右、十几岁左右"。可见，表示年岁的数量结构是"样子"由名词

过渡到助词的中间环节。当数量结构表示非年岁时,"样子"就成为助词了。例如:

（16）穿宅过院,径至后园,另是一座小院落,花盆、橘筒,也有五七样子。（《歧路灯》第三十四回）

（17）那的有果子哩。是前几年时,自己做的油酥四五样子,桔饼、糖仙枝、圆梨饼十来样子。这几年就断截了。（《歧路灯》第八十三回）

（18）我们相别不到一年,倒像过了好几十年的样子。你的面貌比先前瘦了好些,却觉得神采飞扬,容光照耀,比从前更是不同。（《九尾龟》第二十二回）

（19）由一小门进去,里面方方的一个天井,三层一座花台,满花台都是海棠,开得十分可爱。最上台上一棵梧桐,遮着半边天的样子。（《续济公传》第一百四十二回）

"样子"后附的既可以是概数形式,也可以是确数形式,与数量结构的组合可以是黏合式,也可以是组合式。朱德熙（2010）指出数量词是体词,但是同时又有谓词性,因此除了作主语、宾语和定语之外,也能做谓语。张敏（2019）也认为数量结构虽是体词性成分,但也有谓词性。由推论事件到推论数量,"样子"的助词属性没有发生变化,这是基于事件与数量都具有述谓性（predicative）的类推。

2. 语 用 分 析

2.1　语篇模式

推测是根据一个或几个已知判断得出另一个判断的思维过程,推测的结果具有不确定性。"样子"是说话人对必然或实然无法做出准确的认识,而是对情境的可能性作出判断（彭利贞,2005）,体现为认识情态。认识情态内部存在等级强弱之别,帕尔默（Palmer,2001）指出语言中一般存在三种与认识情态有关的判断,即表达不确定的推测（speculative）,表示以可得到的证据为基础的推论的推断（deductive）,表示以常识为基础的推论的假设（assumptive）。推断是唯一可能的结论,推测是可能的结论,假设是合理的结论。"样子"表推测,逻辑上的或然与事实可能相符,可能不符。例如:

（20）他刚到了楼下厢房,还没坐定,女儿也就来了;拿着蛇纹皮的化妆皮包,是立刻要出门的样子。"爸爸,钱呢? 出去找朋友,不带钱是不行的。"（茅盾《子夜》）

推理形式"要出门的样子"在逻辑上是或然的(可能出门,可能不出门),事实上也是或然的。少数推理形式在逻辑上是或然的,在事实上却是实然的。例如:

(21) 金全礼的车子开到工地,老丛已笑眯眯地在那里站着迎他。看他神情,
      知道他要来的样子。(刘震云《官场》)

推理形式"他要来的样子"在逻辑上是或然的(可能来,也可能不来),但在事实上是实然的(金全礼的车子开到工地,老丛在那里站着迎他,所以他来了)。"样子"表示对事件进程的推测,形成的语篇模式是"S_1推测依据,S_2推测结论",总是依据在前,结论在后。例如:

(22) 已经是仲冬时节,加上从昨夜起,气温骤然下降了许多。天空阴沉沉的,
      彤云密布,像是要下雪的样子,使座上更增添了一种低沉懊丧的气氛。
      (刘斯奋《白门柳》)

(23) 念到这里,只听见李冬青在外面说话,似乎要进来的样子。杨杏园心想,
      看人家的著作,虽然不要紧,究竟没有得主人翁的许可,总有些造次。
      (张恨水《春明外史》)

(24) 佩芳吃完饭,赶着洗了手脸,又来绣花,凤举就戴着帽子,拿着手杖,仿佛
      要出去的样子。(张恨水《金粉世家》)

例(22)、例(23)和例(24)中,根据"天空阴沉沉的,彤云密布""听见李冬青在外面说话""戴着帽子,拿着手杖"等,可以推测出"像是要下雪""似乎要进来""仿佛要出去",结论是不确定的,其中"像/好像"等词经历了类似义到推测义的引申(李小军,2015)[①],与"样子"构成"像/好像……的样子"的同义框式强化形式。

2.2 主观量类型

"样子"附于数量结构后表示估量,估量其实是对量的推测,值得一提的是,这种"数量结构+(的)样子"表达的主观量既不是主观大量,也不是主观小量,而是主观游移量。例如:

(25) 女生宿舍用糖作眼睛的雪人,不知被谁把头打碎了,最先发现的是一同
      参预过这工作的女生甲,时间是晚上六点钟样子。(沈从文《冬的空间》)

(26) 走了十里路的样子,他们才分了手。他一个人悄悄离开锁井镇,走到保

---

① "好像"由类似义引申推测义的过程为:具体的相似→抽象的相似→基于相同特征上的推测、分析→基于事理上的推测。参看李小军(2015)。

定。那时候这条铁路已经修上,可是他没有钱,也坐不上火车,沿着铁路旁的村庄,讨着饭吃,到了北京。(梁斌《红旗谱》)

(27) 到了蔡家,约有了七点半钟样子。(沈从文《冬的空间》)

(28) 民警和汽车城有关人员对夫妻俩进行劝导,大约 1 点样子,他们被成功劝了下来。(2014 年《钱江晚报》)

所谓主观游移量,是指说话人认为非确定的数量,是一个基于数量结构为中心上下浮动的游移的量(宗守云,2016),反映了说话人的思维过程。"六点钟样子、十里路的样子、七点半钟样子、1 点样子"是以"六点钟、十里路、七点半钟、1 点"为中心上下浮动的量,可能略多,也可能略少,因而是游移的。量的不同体验是心智的产物,语言反映心智,心智上拿捏不准反映为量的游移,结构中还有一些像"大概、大约、约莫、估摸、差不多"等"可能"类情态词同现帮助表示或然判断。"样子"发生了去范畴化现象,句法位置黏着,只能后附在事件小句或数量结构后,语义上没有指称内容,语法上是表示说话人主观推测的助词。

3. 虚化差异与句法语义效应

摹状名词在现代汉语共时层面呈现出不同的虚化程度。首先,语义伴随着语法化程度的加深,会变得越来越抽象,除去"样子"在现代汉语中发展为推测助词外,"模样、光景"也产生助词用法,表示约略的情况,用在表示时间、数量的结构后面。例如:

(29) 今天早晨五点钟模样,农民们攻进了黄老虎的住宅,她正躲在床角里发抖。(茅盾《蚀》)

(30) 午后三点钟光景,齐集青年会,束装布景,五点多钟来看的人便不少。(向恺然《留东外史》)

"光景"除了发展出了助词用法,还语法化成一个表示推测语气的认识情态副词(张爱玲,2016)。"样子、模样、光景"由名词发展为助词,句法地位降级,成为句末的附属成分,都经历了"具体的样子→抽象的样子→基于样子的推测"的虚化过程,语境也从叙述语境扩展为推测语境。而汉语中诸如"情形、情况、架势、趋势、状态、状况、相貌、外貌"等一批摹状名词主要还是以表达词汇意义为主,用来指称事件发展的动向或刻画人或物的外在形状,它们句法位置较为自由,没有虚化为助词的句法语义条件,语境也还是叙述语境。其次,内部的虚化差异还体现在一系列句法语义效应上。

3.1 修饰语

根据摹状名词有无实际所指内容,可以分为名词与助词两种用法。例如:

(31) 刘胜把一小壶酒吃到壶底朝天,一点滴不出来,才推开酒壶。他的脸红了,显出微醉的样子。(吴强《红日》)

(32) 烛光虽然来到窗外,却不曾掉落在地,只在柳生头顶一尺处来去。然而烛光却是映出了楼内小姐的身影,投射在梁柱之上,刚好为柳生目光所及。小姐低头沉吟的模样虽然残缺不全,可却生动无比。(余华《古典爱情》)

(33) 累不累?饿不饿?家里有我新买的韩国泡菜方便面,感觉很好吃的样子,要不要尝尝?(六六《双面胶》)

(34) 大家抬起脑袋来看,天真阴沉。有人把胳膊伸在外边,看有没有雨掉在上面。"没下。""像要下雨的模样儿。"(穆时英《油布》)

例(31)、例(32)中"样子、模样"有具体的词汇意义,可以替换为"状态、情形、架势"等,而例(33)、例(34)中的"样子、模样"具有语法意义,表示主观推测,就不能用其他摹状名词来替换了。两种语义的差别也体现在句法上,前例"显出微醉、低头沉吟"属于同一性定语,整体就是"样子、模样"的内容,"样子、模样"也就是"显出微醉、低头沉吟",可以从定中关系变成同位语关系,而后者"很好吃、要下雨"是"样子、模样"的宿主(host),不可以变成同位语关系。如:

(31)′ 他的脸红了,显出微醉这个<u>样子</u>。

(32)′ 小姐低头沉吟这个<u>模样</u>虽然残缺不全,可却生动无比。

(33)′ *家里有我新买的韩国泡菜方便面,感觉很好吃这个<u>样子</u>。

(34)′ *像要下雨这个<u>模样儿</u>。

例(33)′和例(34)′中的"样子、模样"是推测小句末尾的标记成分,句法上可以删除,而例(31)′和例(32)′中的"样子、模样"是中心语,不能删除。例如:

(31)″ *他的脸红了,显出微醉[<u>的样子</u>]。

(32)″ *小姐低头沉吟[<u>的模样</u>]虽然残缺不全,可却生动无比。

(33)″ 家里有我新买的韩国泡菜方便面,感觉很好吃[<u>的样子</u>]。

(34)″ 像要下雨[<u>的模样儿</u>]。

3.2 数量结构

表层形式上实义的摹状名词与虚化后的助词虽然都可以出现在"数量结构 +

(的)＿＿"的句法结构中,但句法结构与语义关系都有不同。例如:

> (35) 我今天晚上在那儿看见了一种光景,让我非常地厌恶。我愿意你儿子住的地方和韦狄住的,不要只隔二三英里,而是能隔上百儿八十英里才好。(托马斯·哈代《还乡》)
>
> (36) 经过多方面征求意见,反来复去的研究,从十九种图样中选择和确定加工三种样子。(1956年《人民日报》)
>
> (37) 黄克诚的三师,距林彪也就20里左右。梁兴初的1师更近,就10里样子。(张正隆《雪白血红》)
>
> (38) 等她换了衣服,拿了些钱,来到红房子西餐馆的时候,已是七点钟光景。(王安忆《长恨歌》)

例(35)、例(36)中的"光景、样子"有实际指称内容,"一种、三种"是对"光景、样子"的客观计量,"光景、样子"也可用"情景、式样"等进行同义替换。例(37)、例(38)中的"样子、光景"没有指称内容,而是表示估量,句法上是后附的,"10里、七点钟"不是对"样子、光景"的客观计量,"样子、光景"也无法替换为"情景、式样"。画线部分虽都可以作删除或插入量度义形容词等句法操作。例如:

> (35)′ 我今天晚上在那儿看见了<u>一种</u>[光景]。
>
> 我今天晚上在那儿看见了一种<u>坏</u>的光景。
>
> (36)′ 选择和确定加工<u>三种</u>[样子]。
>
> 选择和确定加工三种<u>厚</u>的样子。
>
> (37)′ 梁兴初的1师更近,就<u>10里</u>[样子]。
>
> 梁兴初的1师更近,10里<u>远</u>的样子。
>
> (38)′ 已是<u>七点钟</u>[光景]。
>
> 已是七点钟<u>晚</u>的光景。

但在语义上就显现出差异,"一种光景、三种样子"和"一种、三种"在语境中是等值的,"10里样子、七点钟光景"却不等于"10里、七点钟",而是表示"略多于10里/七点钟"或"略少于10里/七点钟"。可见,在共时层面上,"样子、光景、模样"发生了功能分化,有名词与助词两种用法,它们与其他摹状名词相比,在句法与语义上呈现出较强的功能扩展趋势。

3.3 篇章回指

摹状名词因为语义内容实在,可以在话题链结构中进行回指。例如:

(39) 当晚他把那位青年送来了——顺便说一句,好人有一辆汽车,非常之小,样子也很古怪,像个垃圾箱的模样。(王小波《沉默的大多数》)

(40) 这些狗长得娇小玲珑,憨态可掬,模样特逗;而且性格温顺、聪明伶俐,善解人意,使人赏心悦目,所以特有人缘。(1994 年《报刊精选》)

例(39)、例(40)中,"样子、模样"都具有回指功能,分别回指话题"汽车、这些狗"的样子与模样,而已经虚化为语法成分的"样子、模样"用在句末,表达语法功能。此外,能否进行关系化也是判定摹状名词是否发展出语法功能的重要指标。关系化是对一个述谓结构进行降级处理,关系化后成为一个降级述谓结构,不再具有原先述谓结构的特征。如:

(41) 做好一套样子,发动学员自己仿做。(1952 年《人民日报》)

(42) 刘嘉麒花白头发,两道寿眉已微微长出模样。(2002 年《人民日报》)

普通话中关系从句标记是"的",对摹状名词进行关系化可以得出下列句子。如:

(41)′做好的一套样子已经被学员仿做了。

(42)′两道寿眉已微微长出的模样令人难忘。

而已经虚化为助词的"样子、模样"就不能再进行关系化了,这说明摹状名词内部产生了分化。例如:

(43) 我们随着那个孩子,又走了一里路样子,来到沟边上。(1965 年《人民日报》)

(44) 到了十二点钟模样,我假定已经睡过一夜,现在天亮了,正式地披衣下床。(丰子恺《半篇莫干山游记》)

加入"的"构成的"走了一里路的样子、到了十二点钟的模样、躺了小半年的光景"并不是关系化形式,与原式只是组合式与粘合式的区别,这里"的"并不像关系化时具有强制性。

第十章 "有待"的功能解释
及其跨层词化

现代汉语书面语体中,经常使用"有待 VP",如:

(1) 现在体育经济发展所面临的重要问题乃是:理论研究亟待加强,管理制度有待完善。(1994 年《报刊精选》)

(2) 这时,他的事业如日中天,许多课题有待完成。而且前不久,他到济南听了魏书生的一场报告,受益匪浅,觉得改革需要有更多的人参与,需要做到教学研究有计划性、系统性。(1994 年《报刊精选》)

对于"有待",一直存在不同的认识。这一点可以从通行的语文词典可窥一斑:《现代汉语常用词用法词典》(1995)、《汉语动词用法词典》(1999)、《汉语惯用语词典》(2009)都没有收录,仅有《现代汉语词典》(第六版)、《现代汉语规范词典》(第三版)收录,解释为"(需)要等待,动词"。那么"有待"是否已经词化? 其是否已经向方式副词发展? 其分布搭配、语义功能及情态表达又有哪些特点?

1. 宾语类别与句法分布

"有待"后接宾语 NP 少数是名词,基本上是以双音节动词为主,"有待"后接谓词 VP 还可以充当句法成分,句法搭配还有其他一些限制。

1.1 宾语类别

1.1.1 名词性宾语

NP 为抽象名词,与"有待"组合直接作谓语,出现这种搭配是核心谓词 VP 前移导致的结果。如:

(3) 大师要成佛,看来是有待时日的了。(黄鹰《骷髅帖》)
→大师看来是有待时日要成佛的了。

(4)《劳动法》可望在今年出台,随之还有一系列劳动法律、法规相继制订、出台。劳动关系的规范化、法制化有待一个健全的劳动法体系。(1994 年《报刊精选》)
→劳动关系有待于一个健全的劳动法体系去规范化、法制化。

　　核心谓词回到原有位置时常常会在前加上虚化的连接词"来"或"去",朱德熙(2010)认为"来、去"有时只起连接的作用,没有什么实在的意思。"有待 + NP"是一个非自足成分,可以参与构成连动句或兼语句。如:

(5) 一些人不愿到那里买东西,因为它太大、太花时间、太累人;有些人嫌它人多、嘈杂和缺乏新鲜空气,让人头痛;还有人认为那里花钱太多。显然,优劣利弊,见仁见智,也许还有待时日去检验。(1994 年《人民日报》)

(6) 他找到的只是冰山的一角,许多线索还有待学者弄清:飞机为什么坠毁;黑匣子的秘密;飞机为什么在苏联边境掉头南飞;林彪和国民党的关系。(1994 年《报刊精选》)

1.1.2　指称性动词

"有待"优势搭配是双音节及物动词,少数为不及物动词,具有[+ 指称性]。如:

(7) 苏宁生前研制的冬夏两用帐篷,还有待完善。原炮团团长林永常马上组织人员,拿出了"加色、防风"的解决方法。(1993 年《人民日报》)

(8) 持上述态度的妇女也会在实际生活中这样行使自己的婚姻权利。农村妇女在这个问题上的观念仍有待提高。(1994 年《报刊精选》)

据统计,这类宾语有以下几类:

Ⅰ. 并列式。由两个表义相同或相近的语素组合而成。

商定	制定	解决	商量	调查	观察
开发	检验	发展	培育	进行	论证
引进	挖掘	观测	审批	研究	改革
调查	改变	考证	探查	计算	商榷

Ⅱ. 动补式。由动词性语素和形容词性或动词性语素组合表明该动作造成的结果。

完善	加强	推进	提高	摸清	改善
深入	改进	壮大	整顿	澄清	理顺
成熟	突破	拓展	健全	补齐	补正
证实	加深	放开	做出	扩大	流出
阐明	促进	打破	加大	降低	减少

Ⅲ. 动宾式。由动词性语素加上一个名词性语素组合而成。

出台　立法　攻关　分工
动员　回味　努力　关心

Ⅳ. 偏正式。前一语素对后一语素进行修饰限定。

下降　回升　好转　下调

Ⅴ. 附加式。由一个词根语素加一个类词缀语素组合而成。

深化　强化　美化　简化　细化　优化

不及物动词：发育　观望　改观　变通

进一步看，为什么上述几类动词可以和"有待"搭配使用，其限制条件是什么？具备什么样的语义特征的动词可以进入？据观察，主要有以下几类：

Ⅰ. ［＋心理态度］。张谊生（2004）将那些具有［＋述人］特征并与心理、心态意义相关的动词都作为心理动词，将心理动词分为"心理感受"和"心理态度"两大类。其中"心理态度"的动词可以进入"有待 VP"格式中。如：

有待坚持　有待了解　有待迁就
有待重视　有待提倡　有待拥护

Ⅱ. ［＋增强义］。如：

有待加强　有待壮大　有待加快
有待加深　有待完善　有待改善

Ⅲ. ［＋减弱义］。如：

有待减轻　有待下调　有待降低
有待减少　有待细化　有待削弱

Ⅳ. ［＋过程义］。如：

有待研究　有待挖掘　有待调整
有待实现　有待探索　有待审批

"有待"其后动词宾语以并列式和动补式为主，与其组配的动词都由陈述变成了指称，不可以带宾语"*有待提高业务水平、*有待完善法律法规"，也不可以带补语"*有待提高很多、*有待加强一点"等，而形式动词的作用就是使作宾语的动词由陈述转向指称，"有待"应分析为形式动词，以上所列出的各类动词与"有待"共现时，都由陈述变

为指称,最明显的句法形式是定语标记"的"的出现使得指称变得更加显豁。如:

(9) 由于大量生产资金的投放及备战费用的加大,造成边币发行过猛,物价猛涨,一年发行量增加 13 倍,物价涨幅 20 倍,财政金融贸易存在的许多问题,都有待进一步的整顿。(1996 年《人民日报》)

(10) 有人认为在甲骨文中还有太阳黑子、彗星等的记事,这还有待进一步的研究与证认。总之,甲骨文中已经有相当丰富的天象记录,说明我国古代重视天象的观测与记录的传统,至迟在殷商时期就已经形成(阴法鲁、许树安《中国古代文化史》)

"整顿、研究与证认"都已不能再作陈述性动词分析了,其时间性和动作性都不明显,都作"有待"的谓词性宾语。

1.2　句法表现

1.2.1　述谓功能强势。"有待 VP"几乎都是作后一小句的谓语,占 92.3％[①],而作定语修饰中心语,仅占 7.7％。例如:

(11) 从总体上看,我省保安服务形式比较单一,多处地方仍处在"看门护院"的劳务保安状态,技术防范领域急需拓展。另外,保安队伍素质和管理水平有待进一步提高和改善。(1994 年《报刊精选》)

(12) 他认为解离现象是正常心理的机转之一,健康者在面对压力时,也会出现类似的症状,但症状很快就能消解。而那些症状会慢性化为解离症的人,是因为受到习惯化与自我增强的结果。不过,这理论仍缺乏证据支持,有待进一步研究。(吕万安《一看就懂的中医养生智慧》)

(13) 这是一片美丽、纯朴而又有待开发的土地。在我们的身后,有无数老同志创下的坚实基业;在我们的面前,有着大片未开垦的处女地,有着大有作为的事业和充实有意义的生活。(1993 年《人民日报》)

(14) 农业课到底怎样讲? 这在 80 年代初的农业课教学中还是个有待摸索的课题。(1994 年《报刊精选》)

1.2.2　管辖范围可大可小。"有待"管辖 VP 的范围可大可小,既可贴身,也可分离,中间可插入兼语、区别词、形容词等各类成分。例如:

(15) 确实,实践中出现不少新的问题,有待我们去探讨,这里仅以个人认识提

---

① 数据统计来源于 1000 条 CCL 有效语料的计算,对语料调查的时间集中在 2024 年 10 月 28 日。

一些不成熟的学者之见,供大家讨论。(1994 年《报刊精选》)

(16) 传统金融机构的互联网理财产品的网络销售仍处于初级阶段,有待飞速发展。(新浪财经 2014 - 08 - 27)

(17) 处于转型期的歌剧事业,要做的事远远不止这些,歌剧市场的基础在哪里,群众基础怎样建立,如何形成歌剧市场并从市场上获取效益,都有待认真探索。(1994 年《人民日报》)

1.2.3　"有待 VP"没有否定形式。如:

有待提高→* 有待不提高　　有待检验→* 有待没有检验
　　　　* 不有待提高　　　　　　　　　　* 没有有待检验

"有待"也不能进入"X 不 X"格式中,这从另一方面说明其不具有助动词的特性。例如:

* 有待不有待
能不能、敢不敢、可以不可以、应该不应该

2. 语义功能与情态特征

《现代汉语规范词典》(第三版)解释"有待"为"需要等待,动词"。这种释义对一般的教学是有用的、恰当的,但对语言研究来讲是粗疏的。"有待"的语义功能是什么? 否定义如何形成? 情态方面又有哪些特征?

2.1　预设否定

"有"为表领有和存在的动词,赵元任(1979)认为"有"主要用途有二:表领有(广义),表存在。袁毓林等(2009)提到话语中的动词"有"能激活"存在"和"拥有"两种语义情景。说"存在"某个东西,其实就是对事物状态的一种肯定。"待"为"等待、需要","待 VP"为"等待/需要 VP"。如:

(18) 为常人言,才知得非礼不可为,须用勉强,至于知穿窬不可为,则不待勉强,是知亦有深浅也。(程颢、程颐《二程遗书》)

(19) 我以为人们大抵住在这两个相反的世界中,各以自己为是,但从我听来,觉得天文学家的声音虽然远大,却有些空虚的。这大约因为作者以"理想为虚妄"之故罢。然而人间之黑暗,则自然更不待言。(鲁迅《书信集·致许钦文》)

　　"有"与"待"二者组合在一起是因为发生了语义重组(semantic reorganization),即"有"的动词义逐渐弱化,甚至可以说"有"是一个满足韵律要求的前词缀,而语义重心偏重于"待VP"。"有待VP"重组后延续"待VP"的语义,表达预设否定义,即发话人在预设(presupposition)中认为"目前还没有达到VP,还需要(等待/进一步的)VP",预设里有否定,为"原本应该达到VP,目前却没有/缺少VP"。由于表达预设否定义,篇章中可以出现已然性副词或者重复副词与之搭配,表示对比关系,如"已经、早已、仍、还"等。或者是否定副词"没有",表示补充关系。如:

(20)"存其文而原其人,不以其人的政治立场而抹杀其学术的成就,也不因今天的需要而去涂改前人的文字"。现在,"存其文"已经做到,"原其人"则有待努力。(蒋廷黻《中国近代史》)

(21)现代计算机具有强大的功能和运行速度,但与人脑相比,其智能化和逻辑能力仍有待提高。(世界大学城 2013 - 05 - 17)

(22)公民如何维护其权利、如何追究相关人员责任等问题上,《意见》没有做明确规定,有待进一步完善。(2014 年《京华时报》)

(23)人类对光合作用的原理还没有完全研究清楚,其中不少秘密有待人们去研究。(林崇德《中国儿童百科全书》)

　　例(20)、例(21)表达对比关系。"存其文"与"原其人"对比,说明该工作还没有完成,需要进一步努力。相比于人脑,现代计算机在智能化和逻辑能力还有很大的提升空间。例(22)和例(23)中"有待"和"没有"配合使用,语义上有补充关系,前一小句已经表达否定义,后一小句补充这种否定。"有待进一步完善"是对《意见》没有做明确规定的补充,"有待人们去研究"是对原理没有完全研究清楚的补充。这里"有待"均表预设否定,即"努力、提高、完善、研究"在预设中应该完成,事实上却没有。

2.2　表达的委婉功效

　　否定是一种有损"面子"的表达方式,常常会带来"面子威胁",因而否定句常被认为是不太礼貌或令人不快的语句。所谓"面子",也就是每一个社会成员意欲为自己挣得的那种在公众中的"个人形象"(the public self-image),采用"有待"这种含蓄、间接的表达通常就是出于维护听话人面子的考虑,说话人对一个否定判断往往想"留有余地",说得委婉一些。例如:

(24)防洪排涝基础设施防御能力有待提高。(2016 年《浙江日报》)

(25)一些行业管理部门监管职责不够明晰;基层安监部门机构力量有待进一步加

强。(2015 年《新华日报》)

(26) 我国互联网发展速度快,但在信息安全方面的防护能力、防护意识和防护水平都有待提升。(2015 年《新华日报》)

"有待提高""有待加强""有待提升"出于语用委婉表达的需要都是间接的否定表达法,否定的程度不高。这种委婉否定形式,在与常规否定"没有"的对比中,委婉功效就显得更为明显。例如:

(27) 学生的社会责任感、创新精神与实践能力有待[没有]加强;国家课程校本化有待[没有]进一步深化,学段之间的有机衔接与课程特色还需较强;考试招生、评价等配套制度有待[没有]深化。(2015 年《深圳晚报》)

如果换成直接否定形式"没有",否定强度明显提升,但表达就会显得生硬、不够委婉,把事物发展的某种可能性也否定了,委婉情态表达不强。采用"有待"这种积极的礼貌策略能保全主体的面子,减少欠妥的表达带来的面子威胁。

2.3　不如意的评价特征

"有待"表达预设否定义,即发话人在预设(presupposition)中认为"目前还没有达到 VP,还需要(等待/进一步的)VP",否定的 VP 的语义特征大多为[＋正向、积极],因而表达的评价特征常常为不如意的、需要修正、解决、提高的,一般大多针对某一客体局部或若干方面存在的不足做出的这种评价。例如:

(28) 深圳知识产权运营程度还有待加强,知识产权成果转化率较低,这将成为制约知识产权事业发展的瓶颈。(2015 年《深圳晚报》)

(29) 民企参与矿业权招投标缺少人才队伍,这个问题也有待解决。(2015 年《上海证券报》)

(30) 对野生动物保护法的宣传,生态保护的社会意识和责任意识还有待加强。(环球网 2015－04－24)

(31) 儿童受教育及儿童遭暴力、虐待、歧视等问题有待解决。(新华网 2015－12－04)

例(28)、例(29)从"深圳知识产权运营程度"和"缺少人才队伍"这一个方面做出的不如意的评价,即原本认为"深圳知识产权运营程度"应该加强,"缺少人才队伍"问题应该解决,事实上没有。例(30)、例(31)从"野生动物保护法的宣传,生态保护的社会意识和责任意识"以及"儿童教育、遭暴力、虐待和歧视"等多个方面的不足做出的不如意的评价,即"野生动物保护法的宣传,生态保护的社会意识和责任意识"应该加强。"儿童教育、遭暴力、虐待和歧视"等问题应该解决,而事实上也是没有解决的。

2.4 未然性的时体特征

"待"表"等待、需要",其在时体方面表现出的语义特征就是[＋未然性],语义积淀使得"有待VP"在时体特征上也表现为未然性,时间指向未来,"有待VP"是发话人对所表事态发展趋势或结果的推测,既然是推测,"有待 VP"所陈述的事件在时体特征上就表现为未然性,常和表将来时的时间名词或者时间副词配合使用。如:

(32) 新三板二级市场交易制度仍有待完善,未来活跃度仍有待提高。(21 世纪经济报道 2016－05－05)

(33) 目前基层企业违法排污情况仍时有发生,说明环保执法监管能力仍有待提高,今后基层首先要把好源头关。(2015 年《经济参考报》)

(34) 我们应该如何接待,中国足协又会有哪些人出场等等,一系列的问题都有待马上解决。(2005 年《济南时报》)

(35) 这一方案还在讨论,能否实施还有待即将发布的高招方案才能最终确定。(2009 年《新安晚报》)

"有待完善"是发话人对"二级市场交易制度"等问题做出的发展趋势的推测,其后的时间名词"未来"指出这些问题是要在未来的工作中得以完善。"有待提高"是对环保执法监管能力存在不足的委婉否定,其后的时间名词"今后"说明"提高"具有未然性。"马上、即将"也是如此。如果改换为表已然性的时间词,那么就会与"有待"表示的未然性时体特征相矛盾,直接表现在句法上就是两者不能共现,如时间副词"已经、早就"、时间名词"去年、以前"。

(36) ＊到底呈现出哪种结果,已经有待时间来检验。

(37) ＊能否实施还有待早就发布的高招方案才能最终确定。

(38) ＊这都有待去年南非大会的继续博弈。

(39) ＊它们的最终地位有待以前决定。

3."有待"的词汇化及其发展趋势

3.1 词汇化历程

"有"与"无"相对,表示领有或存在。古汉语中"待"有多个义项,与"有待"相关的释义为"等待、依靠"。句法上"有"和"待"在线性序列中相邻连用最早见于《周易》,不过该例经黄现璠(2004)论证,"待"本作"时","有待"为"有时"之假借。例如:

（40）愆期之志,有待而行也。(《周易·归妹》)

此外,"有待"还作名词,表示"需要依赖一定的条件",常为古代道家哲学用语。如:

（41）夫列子御风而行,泠然善也,旬有五日而后反。彼於致福者,未数数然也。此虽免乎行,犹有所待者也。(《庄子·逍遥游》)

（42）常贵无为,每嗤有待。(《〈金楼子〉序》)

上述假借用法和道家哲学用语中的名词用法不属于本章研究对象,本章研究的是动词"有待"。先秦到南北朝时期的汉语中,"有"和"待"在线性序列中相邻连用,"有"和"待"各自语义还较实在,其直接的句法关系为述宾关系。例如:

（43）先人有夺人之心,后人有待其衰。(《左传·昭公二十一年》)

（44）古有待放之臣,亦有离俗之士。卿等自审不胜贪心者,听辞位归第。(《魏书·慕容契传》)

（45）彼我之兵,连于城下,进则有高城深池,无所施其功;退则有归途不通,道路潆洄。东有待衅之吴,西有伺隙之蜀。(《艺文类聚》二十四)

该时期,"有"和"待VP"组成述宾短语,二者各自分立,"有"为核心谓词,"待"与其后名词性成分组成偏正短语作"有"的宾语论元。但在东汉至六朝时期,已发展出"有待"分界转移、具备词汇化雏形的临界句法环境,即"有待+[ ]+VP",其中六朝时期"有待"的宾语可以前置,其后的VP可以蕴涵。例如:

（46）夫事物之性,有自然而成者;有待人事而成者,有失人事不成者;有虽加人事终身不可成者,是谓三势。(《前汉纪·荀悦》)

（47）桓室金缕,本非所议;孟姬作具,独若未周。慈泽曲临,珍华兼重;制为美服,只绮易倚。举而不息,三夜有待。(《艺文类聚》八十五)

例(46)既可以分析为"有/待人事而成者",也可以分析为"有待/人事而成者"。例(47)正常的语序为"有待三夜[完成]",这里宾语"三夜"前置且为虚指成分,并不是指具体的"三夜",而是指"很长时间",其后的VP项"完成"也是蕴涵的。"有待"在"有待+[ ]+VP"这种句法环境下,逐渐完成从跨层短语到词汇化,从韵律词(prosodic word)到词汇词的分界转移过程,其主要的机制为紧邻语境使得组块形成、语义偏移以及临界语境的高频使用。

北宋时期,介词"于"的引入使得二者被压缩到一个音步内,并成为心理上的一个组块(chunking),"待"由一个前加成分逐渐靠向"有",而"于"本身是一个处于错配到脱落过程中的附缀,"于"的脱落使得原本在跨层结构中由"有"表述谓功能转为由"有待"表达述谓功能,语义重心也向 VP 发生偏移,导致"有"的语义也就逐渐淡化而与"待"融合为一个整体的、凝固度较高的语义,此时词汇化接近于完成。如:

(48) 如仁,我本有这仁,却不曾知得;却去旋讨个仁来注解了,方晓得这是仁,方坚执之而不失。如义,我元有这义,却不曾知得;却旋去讨个义来注解了,方晓得这是义,坚守之而勿失。这都是有待于外,无待于外底,他善都是里面流出来。(《朱子语类》)

(49) 所以圣人能赞天地之化育,天地之功有待于圣人。(《朱子语类》)

(50) 但九三一爻,又似说学者事。岂圣人亦有待于学邪?(《朱子语类》)

(51) 他只说近日学中缘有待补,不得广取,以致学中无好文字。(《朱子语类》)

上述四例,展现出"有待"由韵律词向词汇词发展的连续统。首句"无待于外"为否定,"无"为否定副词,"有待于外"和"无待于外"对举,可见"有待"还没有完全词化,分界依然在"有"后。例(49)、例(50)分别为后项 VP"称赞"前置和宾语"圣人"前置,常规语序应为"有待于圣人称赞、有待于圣人学"。例(51)"于"和所引介的宾语脱落,"有待"已成为完备的词汇词。北宋以后,伴随着高频使用,词汇词"有待"用法成熟、表达完备,其后宾语可以出现,也可不出现,还可以受副词修饰。如:

(52) 亚麻、大麻仁每石得油二十余斤。此其大端,其他未穷究试验,与夫一方已试而他方未知者,尚有待云。(宋应星《天工开物》)

(53) 余有《古文尚书拾遗》,自觉较江、王、孙三家略胜。然全书总未能通释,此有待后贤之研讨矣。(章炳麟《国学讲演录·经学略说》)

3.2　发展趋势

"有待"表预设否定,虽常常与 VP 高频连用共现,但结合的紧密度是松散的,最明显就是"有待"的兼语成分既可以在句法表层出现,也可以是由于承前省略,或者是语义上蕴涵,句法上不再出现,形成句法空位(syntactic gaps),这就导致"有待"与 VP 二者在线性顺序上临时紧邻。例如:

(54) 目前灾害性天气预报和长期天气预报的关键技术性问题尚未全部解决,有待广大预报人员和专家们深入探索研究和试验,逐步提高预报质量。

（1994 年《报刊精选》）

(55) 以上主要是同西北地区科研人员和科学管理工作者交谈时所获得的信息和印象的总结,有些深层次的东西还有待有关部门进行深入的调查并制订相应的对策。(1994 年《报刊精选》)

"广大预报人员和专家们"以及"有关部门"为兼语成分,既为"有待"的宾语,具有受动性(affectedness),也是其后动词"探索、提高,调查、制定"的施事,具有施动性(agency)。当兼语成分或是承前省略,或是语义蕴含,句法上就会脱落以致其原来位置形成句法空位,"有待"与动词性成分就形成临时紧邻居状位的分布,但这并不是"有待"已经向副词化发展的证据,其仍然为动词,当兼语成分补充出来就更加明显,临时居状位也就不复存在。例如:

(56) 中外专家对这一疑难问题进行会诊,已基本确定根据"虹吸"原理,采用在黄河底下挖隧道的方法,但施工仍有许多难题有待[中外专家]研究解决。(1994 年《报刊精选》)

(57) 改革开放以来,陕南的经济确实大踏步地发展了,但综合开发水平还不高,开发力度有待[政府部门]进一步加大。(1994 年《报刊精选》)

(58) 总公司的工作还存在不少缺点与不足,有待[总公司]进一步改进与提高,希望各级领导和有关部门的朋友们批评指正,提出宝贵意见。(1994 年《报刊精选》)

这种松散关系还体现在中间可以插入各类成分,如区别词、形容词、介词框架等。例如:

(59) 互联网大数据与商业大数据均已得到广泛重视和快速发展,与之相比,科学大数据的理论研究与实践能力有待快速提升。(中国新闻网 2014 - 06 - 09)

(60) 生态学是崛起不久、相对年轻的发展中学科,虽然它已经对世界产生了巨大的影响,却仍有大量的基础研究、应用研究和理论探索的课题有待深入展开。(1994 年《报刊精选》)

(61) 这种新型的企业组织形式,虽然还处于产生、发育阶段,有待在实践中完善,但它在许多方面已显示出重要的作用。(1994 年《报刊精选》)

"有待"更没有发展到可以带形容词性宾语,像"有待痛心、有待痛苦、有待高兴、有待不妥"等目前都是很难接受的。"有待"目前不具备副词化的句法语义环境,很难向副词发展,目前将其分析为形式动词或者粘宾动词比较合适。

第十一章　含山话唯补词"[tən²¹]"的虚化及其相关问题

含山县位于安徽省马鞍山市西部,地处长江中下游平原,与和县、无为县毗邻。根据《中国语言地图集》(1987)的分区方案,含山话隶属于江淮官话洪巢片,该片区的语音特点是声调有阴平、阳平、上声、去声和入声。古入声字今读入声,不分阴阳。古仄声全浊声母字今读塞音、塞擦音时不送气。该区域内部分含南与含中、含北三个方言片,三个片区语法差别不大,但发音上存在一些差别:(1)含南较多保存着将古见系开口二等韵字读成牙喉音声母的情况,含中与含北却已腭化为舌面音声母;(2)含中及含北将普通话有些读 ou 韵母的字说成 iu 韵母,含南却仍读 ou 韵母。

现代汉语及汉语方言体貌标记的一种重要来源是由结果补语发展而来的,如普通话的"了₁、着",苏州话的"好、脱",温州话的"爻"、常州话的"落"、粤语的"住"等。刘丹青(1996)指出现代汉语及方言的体貌形态,大都是从词汇手段虚化而来的,但具体来源相当复杂,大致有结果补语、趋向补语、处所补语、处所状语及动量补语等。含山话动词或形容词后的[tən²¹]逐渐由结果补语发展为表示"完结或实现"的体貌成分,意义由实而虚,句法关系黏着,功能上专用,语音上也逐渐弱化为轻声,因[tən²¹]的本字不可考,根据方音将其记作"哴"。本文以笔者母语含山县林头镇方言为例,语料来自笔者自省。

1."哴"的性质与句法表现

1.1　唯补成分

"哴"在共时层面既可以用作结果补语,也可以用作表示"完结或实现"的体标记。作为句法成分,"哴"与核心谓词构成"V 哴"黏合式述补结构,语法上可以将其看作是唯补词。如:

(1)*叶子都哴吱树叶都掉了。

(2)*桌子上的笔哴吱桌子上的笔掉了。

(3)黑板上的字我都擦哴吱黑板上的字我都擦掉了。

（4）草烧哎吱草烧掉了。

例（1）、例（2）显示"哎"无谓语用法，不能受副词修饰，表明"哎"与"树叶、笔"等客体之间不具备论元关系。例（3）、例（4）"哎"在谓词"擦、烧"后作结果补语，语义指向谓词，结构关系紧密。将其看作是唯补词，依据有三。

其一，"哎"的语义指向是其前动词表达的动作，无法根据语义指向将动结式拆分为两个命题小句，表明"哎"不是实义补语。这与普通话唯补词"掉"[①]功能表现一样。如：

（5）黑板上的字我擦哎吱。≠我擦黑板上的字＋黑板上的字哎吱。

（6）草烧哎吱。≠烧草＋草哎吱。

"V哎"如受副词修饰，副词的位置要放在动词之前，表明"V哎"结构关系紧密。如：

（7）把字刚擦哎，又叫我拖地把字刚擦掉，又叫我拖地。

（8）草一会工夫就烧哎吱草一会就烧掉了。

其二，"哎"作为结果补语可以承担新信息甚至是焦点，而谓词"擦、烧"则是预设信息，听说双方并不关心是否发生"擦、烧"这样的行为，而是关心"擦、烧"这样的行为产生了什么样的后果，因而可以针对结果补语进行提问。如：

（9）黑板上的字擦吱怎么样？——都擦哎吱黑板上的字擦得怎么样？——都擦掉了。

（10）草烧吱怎么样？——老早就烧哎吱草烧得怎么样？——老早就烧掉了。

在汉语述结式中，动词往往是预设成分，而结果补语才是句子的新信息甚至是焦点所在，提问的主要意图是问字有没有擦掉、作业有没有写掉，侧重的是"擦、烧"这样的动作行为对客体产生了什么样的影响。

其三，"V哎"唯一的变换形式是可以插入"得、不"构成可能补语，如"擦得哎就擦，擦不哎就不要［pɛʔ⁴⁴］[②]擦（擦得掉就擦，擦不掉就别擦）；跑得哎就跑，跑不哎就不要跑（跑得掉就跑，跑不掉就别跑）"，这与普通话的"掉、着、住、到"、苏州话的"脱"、赣语安义话的"呱"等唯补词一样，刘丹青（1994）就指出唯补词唯一的变换形式是在"得/不"后作可能补语。不同的是，含山话"V哎"中谓词除了"擦、写、烧"等这样的自主动词，还

---

① 普通话"掉"的唯补词用法参看刘丹青（1994）。另在动词义上，含山话与普通话都是"掉"，而在唯补词用法上，含山话用"哎"，与普通话不同。

② ［pɛʔ⁴⁴］是含山话中"不要"的合音，"不要怕"说成"［pɛʔ⁴⁴］怕"，"不要紧"说成"［pɛʔ⁴⁴］紧"，详看江蓝生（1991）。

可以是非自主动词,如"跑(泄露)、飞(挥发)、走(泄露)、淌、流、化(融化)、退"等。例如:

(11) 盖子没盖,气都跑哇吱盖子没盖,气都跑掉了。

(12) 瓶子盖上吧,香气一会工夫就走哇吱瓶子盖上吧,香气一会儿就漏掉了。

(13) 雪下吱不厚,一会工夫就化哇吱雪下得不厚,一会儿就化掉了。

它们也有可能形式,如"跑得哇/跑不哇、飞得哇/飞不哇、化得哇/化不哇"。这与苏州话的"V 脱"功能不同,苏州话"V 脱"结构虽存在可能式"V 得/不脱",但"V"仅限于自主动词,非自主动词没有可能式(王健,2010)。而且,尽管"哇"与普通话唯补词"掉"功能相近,但仍存有细微差异,二者在语法角色上呈现互补态势,如表 3 所示:

表 3　普通话唯补词"掉"与含山话"哇"的语法差异

语言类型 类型 语法角色	普通话 掉掉①	含山话 掉哇	普通话 还掉	含山话 把哇
完成体	+	−	−	+
结果补语	−	+	+	−

可见,含山话"哇"不具有谓语和实义补语的用法,而是一个唯补词,或称为动相补语(吴福祥,1998),或称为虚化的结果补语(玄玥,2010)。作为唯补词的"哇",为其向体标记的发展提供了句法可能。

1.2　时体成分

作为体标记,"哇"句法关系黏着,可以后附于动作动词后,表示动作行为的完成。可以用于肯定句,也可以用于否定句。例如:

(14) 差的钱已经把哇吱欠的钱已经还掉了。

(15) 钱还没把哇,明个靠住把钱还没还掉,明天一定还。

"把哇"中间无法插入"得、不"构成可能补语,说明"把哇"不再是"动词 + 结果补语"的句法关系,而是"宿主 + 后附缀"的构造,"哇"语法上是一个后附缀

---

① 普通话"掉掉"中前一个"掉"是动词,后一个"掉"表示动作行为的完成或状态变化的实现,参看刘焱(2007)。"掉掉"没有"掉得掉、掉不掉"的可能形式,而含山话"掉哇"有"掉得哇、掉不哇"的可能形式。"还掉"有"还得掉、还不掉"的可能形式,而"把哇"没有"把得哇、把不哇"的可能形式。

(enclitic)。"哒"的宿主类型还可以是状态动词、形容词以及述结式。先看状态动词。例如：

（16）饭煳哒吱，不要烧了饭煳掉了，别烧了。

（17）他家丫头讲的婆家黄哒吱他家姑娘说的婆家黄掉了。

（18）他还没到四十，眼睛就花哒吱他还没到四十，眼睛就花掉了。

（19）雨下吱不歇，事误哒好几天了雨下着不停，事耽误掉好几天了。

上述四例，"哒"附在状态动词"煳、黄、花（眼花）、误"后表示这种状态的实现，不可能是唯补词了，也没有"煳得哒/煳不哒、黄得哒/黄不哒、花得哒/花不哒、误得哒/误不哒"等可能形式，类似的状态动词还如"皮（皮软）、霉、缩、疯、锈、馊、谢（花谢）、瘫、碎"等。"哒"进一步虚化还可以后附于消极、不如意的形容词后。例如：

（20）那件衣裳小哒吱，不能穿了那件衣服小掉了，不能穿了。

（21）该话一讲，他心彻底凉哒吱这话一说，他的心彻底凉掉了。

（22）他胳肘青哒吱，不晓得在哪里撞的他胳膊青掉了，不知道在哪里撞的。

（23）该次买的稻种比去年少哒不少这次买的稻种比去年少掉不少。

上述例句，"哒"附在形容词谓语"小、凉、青、少"后表示状态变化的实现，不能构成"小得哒/小不哒、凉得哒/凉不哒、青得哒/青不哒、少得哒/少不哒"等可能形式，相关形容词还有"熟（熟透）、旧、松、湿、臭、黑、红（红肿）"等。"哒"用在形容词后说明其进一步虚化，功能上是表示实现的语法成分，语法上是后附缀。

"哒"的性质不同也反映在语法、语音上，对"宿主＋后附缀"的"V哒"的提问方式不同于"动词＋结果补语"的"V哒"，前者谓语动词不是预设信息而是新信息，甚至是焦点信息，后附缀"哒"则是附属信息，表示谓语动词的动作行为完成或者实现，如"那件衣裳怎么样？——那件衣裳小哒吱，不能穿了。"而后者的"V"可以是预设信息，"哒"是新信息，如"黑板上的字擦吱怎么样了？——黑板上的字都擦哒吱。"语音上，唯补词的"哒"读低降调[təu²¹]，而体标记的"哒"则读轻声[təu]。"V哒"的不同构造与"哒"的不同性质所显示的差异如表4所示：

表4　"V哒"的不同构造与"哒"的不同性质

构造形式	信息格局	提问方式	可能形式	语音差异
动词＋结果补语	预设信息＋新信息	针对结果补语提问	有可能形式	低降调
宿主＋后附缀	新信息＋附属信息	针对宿主提问	无可能形式	轻声

作为形态成分，宿主除了形容词，还可以是述结式，构成"述结式 + 哴"的句法形式，它的语法意义也是表示某种状态的实现，这跟普通话的"了₁"一样，这是"哴"进一步虚化的结果，因为述结式后的句法位置是体标记常用的句法位置，并且汉语中也不存在"述结式 + 结果补语"的句法形式。例如：

(24) 他今个干事太累哎，一下就把水喝光哴哎他今天干活太累了，一下就把水喝光掉了。

(25) 一大早来了好些人把他家搬空哴哎一大早来了好多人把他家搬空掉了。

(26) 他家霞子生病把他急疯哴哎他家孩子生病把他急疯掉了。

(27) 那菜煮老哴哎，你不要喫了那菜煮老掉了，你别吃了！

上述例句，"哴"出现在"喝光、搬空、急疯、煮老"等述结式后，无疑可以看作是体标记，只不过"哴"的后面还可以再接含山话的完成体标记"吱[tʂʅ⁴]"①，因此尽管可以承认"哴"为一个完成体标记，但还没有虚化到苏州话"仔"、安义赣语"嘚"和普通话"了₁"这种纯体标记的程度。另一个证明"哴"为体标记的句法环境是"动词 + 时量短语/动量短语"中可以插入"哴"。例如：

(28) 我已经候他候哴三个小时了我已经等他等了三个小时了。

(29) 茅缸上哴四五回了，肚子还没好厕所上掉四五回了，肚子还没好。

"哴"后直接跟时量或者动量成分时，整个句子只能表示已经都是实现的事件，不表示未实现的事件（*候哴三个小时他就家来吱），"哴"后加完成体标记"吱"仍表示实现的事件，表达未实现的事件须是"V + 时量短语/动量短语"（候三个小时他就家来吱）。而苏州话的"脱"后面如果直接跟时量或者动量成分，整个句子只能表示尚未发生的事件，比如"倷坐脱两个钟头俚就转来哉你坐掉两个钟头他就回来了"。"脱"后加实现体标记"仔"才能表示已经实现的事件②。"哴"作为体标记，其词项搭配多附于［＋去除、致损］义的动词或［＋变化、消极］义的形容词后（语用泛化后可附于［＋中性、积极］义的动词，后文详述）。其实，南方方言中来源于结果补语的体标记都共有消极性意义这一特点（王桂亮，2014），如绍兴话的"浪[la⁰]"表示完成时常带有强调、夸张、惊讶意味或伴有消极后果（陶寰，1996），常州话的"落"在表达完成的意思时，且表示消极性结果（史有为，2002），宁波话新派多使用"掉[dio⁴⁴]"表示消

---

① 关于含山话的完成体标记"吱[tʂʅ⁴]"的研究，可以参看周元琳（2000）、吴福祥（2001）、朱定峰（2006）和王思媛（2021），他们分别考察了含山话、庐江话的"吱"（也写作"之"），均谈到了"吱"用在动词、形容词之后，表示动作的完成或性质状态的实现，相当于普通话中的动态助词"了₁"。史有为（2003）从类型学的角度考察了汉语方言"达成"貌形式类型以及发展走向，也认为"吱"表"达成"貌，相当于"了₁"。

② 王健先生来信告知，特此致谢。

失或偏离义(阮桂君,2009)。同为江淮官话的扬州话表示消极或"减缺"意义的"得"就被称为消极性完成体标记(张其昀,2005),六安话陈述句"VP掉"一般表示消失性结果,或者不如意的事情,能搭配"掉"的谓词多含有"消失、去除、消极"的语义特征(王健,2014)。

2. "哒"的虚化与泛化

汉语完成体标记研究最为成熟的是"了₁",王力(1958)、太田辰夫(1958)、张洪年(1977)、梅祖麟(1981)、曹广顺(1995)等诸多学者都做过相当深入的研究,较为一致的结论是体标记"了₁"来源于虚化的"终了、完了"义动词。吴福祥(1998)也赞成这一观点,不过他对"了₁"虚化的句法环境提出质疑,并做了重新解释,认为"了₁"先在"动+了"格式里虚化为动相补语,然后带上宾语形成"动+了+宾"格式,即[动+了]+[宾]>[动+了+宾],最后,"动+了+宾"格式中的动相补语"了"进一步虚化变成完成体标记。吴文的研究对我们研究含山话"哒"的虚化具有启发意义,"哒"也是在动词后虚化的,并扩展到形容词和述结式。由句法成分的结果补语发展为形态成分的体貌标记,一方面是"哒"与V的黏合更加紧密,出现了唯补词>后附缀的去范畴化(decategorialized)形式,另一方面"哒"的意义也逐渐虚化。

2.1　语义虚化

"哒"不能单独充当谓语和实义补语,无法表示客体位移的"脱落"义,主要是显示动作的"相",表示"消失义",读低降调[təu²¹]。如:

(30) 我身上就该毫钱,老早就花哒咉_{我身上就这点钱,老早就花掉了}。

(31) 就给该毫生活费,一个月没到就用哒咉_{就给这点生活费,一个月没到就用掉了}。

(32) 办该场酒席,已经烧哒五罐气了_{办这场酒席,已经烧掉五罐天然气了}。

上述例句中"哒"表示相关动作行为作用于客体而致使客体消失,构成一种因果关系,"钱、生活费、五灌气"因"花、用、烧"而消失,还可以表示主体发出动作行为使主体自身消失。如:

(33) 鸡飞哒咉,赶紧把逮到^①_{鸡飞掉了,赶紧把它逮到}。

(34) 趁人不注意,他就嚏哒咉_{趁人不注意,他就溜掉了}。

---

① 含山话中存在"无宾"把字句,相关文章参看胡德明(2006)。

主体"鸡、他"的消失是其自身发出"飞、嘡(溜)"等动作行为导致的。"哓"具备[＋非自然力、－空间位移、－方向特征、＋动作起始、－动作终结]的语义特征,其语义内容可以抽象化为"主体发出动作 V 致使客体 N 或主体自身消失","鸡飞哓吱"的意思是"鸡飞了＋鸡消失了","他嘡哓吱"的意思是"他嘡了＋他消失了"。不管是致使客体消失,还是致使主体消失,都属于现实空间的消失。"哓"还可以虚化到表示心理空间的消失,可用于"心理动词＋哓"的句法环境中。如:

(35) 他妈跟他讲的事,他根本没放在心上,早忘哓吱他妈妈和他说的事,他根本没放在心上,早就忘掉了。

例(35)中"忘哓吱"是"他"心智内的一种状态,因"忘"这种心理行为而使客体"事"消失,这是抽象的消失。从现实的物理空间发展到抽象的心理空间是具体到抽象的隐喻功能扩展,这是其虚化的体现。表"消失义"的"哓"是唯补词,有可能形式,可以针对其进行提问等。由于语法化过程具有渐变性,"哓"在虚化时,存在"消失义"和"完成义"的实虚两种理解。例如:

(36) 锅里那毫饭,我把喫哓吱锅里那点饭,我把它吃掉了。

(37) 老师布的作业,霞子家来一会就把做哓吱老师布置的作业,孩子回家一会就把它做完了。

若着眼于客体"锅里那毫饭、老师布的作业"的存现状态,可以理解为"喫、做"的动作行为作用于客体,并致使其消失,突显数量变化;若着眼于动作行为与客体构成的事件时,当客体数量全部消失,动作行为也就不再持续了,可以理解为"喫饭、做作业"等事件的结束。而在下面的句法环境中,"哓"只能表示"完成义",因为动作行为支配的客体论元并没有消失,只是形态发生改变。例如:

(38) 化肥撒光哓吱化肥撒光了。

(39) 一大早上园子把草拔光哓吱一大早到菜园把草拔光了。

上述例句中,"哓"表示事件结束的"完成义",具备[＋非自然力、－空间位移、－方向特征、－动作起始、＋动作终结]的语义特征。"化肥撒光哓吱"的意思是"撒光化肥＋撒完了","把草拔光哓吱"的意思是"拔光草＋拔完了"。不同于"消失义",客体"化肥、草"并没有因"撒光、拔光"而消失,只是物理形态发生变化,"V 哓"也没有"撒光得哓/撒光不哓、拔光得哓/拔光不哓"可能形式。"哓"就经由唯补词发展为完结义的体标记,句法上的形式标志之一是可以后附在瞬间动词后面。例如:

(40) 今个街上猪肉价钱跌哓一大截今天街上猪肉价格跌了一大截。

（41）房顶塌唉哎，他家人也不管屋顶塌掉了，他家人也不管。

"跌、塌"等瞬间动词表示动作行为瞬间发生，在时轴上起点和讫点重合，"唉"附于瞬间动词后不可能是表示"消失"的结果，只可以视为完成或实现的语法成分。"唉"进一步虚化则表示"状态变化实现"，通常是消极变化。例如：

（42）菜烂唉一大片菜烂掉一大片。

（43）猪肉都臭唉哎猪肉都臭掉了。

例（42）、例（43）中，"唉"表示"实现义"，表示某种性质、状态的实现，用在形容词后，"烂唉"即为菜从正常状态到烂的状态，"臭唉"即为猪肉从气味正常变化为气味腐败，"唉"的语义特征可以概括为［＋非自然力、－空间位移、－方向特征、－状态起始、＋状态实现］。从"消失义"发展到"完成义""实现义"，"唉"完成了重新分析，由唯补词发展为完成体标记。刘焱（2007）指出普通话中"掉"的共时语法意义可以归纳为三种：客体脱离、客体消失和行为的结束/状态的实现，含山话"唉"在这一语义虚化链条中只保留了后两种语义内容。语法化的"源概念"应该理解为相对概念，一个给定项只有在参照另一较"抽象"概念的情况下，才是源概念，而较"抽象"概念（"消失义"）有可能是另一更加"抽象"概念（"完成义""实现义"）的源概念（Heine，Claudi ＆ Hünnemeyer，1991）。

此外，语音上也有所磨损，唯补词的"唉"读低降调［təu²¹］，而体标记的"唉"则读为轻声［təu］，并伴有元音央化现象［tə］。例如：

（44）你今个是走不唉了你今天是走不掉了。

（45）那菜霉唉哎，不能喫了那菜霉掉了，不能吃了。

例（44）"唉"用作可能补语，表示消失，读低降调，有相应的肯定形式"走得唉"。例（45）"唉"用在"霉"后，表状态实现，只能读轻声，是典型的后缀成分。就语义虚化的机制来看，主要是空间向时间、状态投射的隐喻机制在发挥作用。首先，"唉"从"消失义"的唯补词发展为"完成义"的形态成分，这是空间向时间的投射，即用具体的事物消失来映射（mapping）抽象的事件结束，事物的消失是一个有"起点——终点"的变化过程，事件的结束也是一个有起点有终点的变化过程，二者具有相似性。其次，从"消失义"发展为"实现义"，这是空间向状态的投射，状态实现与事物消失都有一个运动过程，也含有一个结果。其实，从表示动作/状态的完成或实现发展为完成体标记具有类型学意义，如桑戈语（Sango）"a-we"（完成）＞"awe"（完成体标记），恩吉尼语（Engenni）"dhe"（完成）＞完结动作标记，拉玛语（Rama）"atkul"（完成）＞完结体标记等。

2.2　语用泛化

　　语法性成分虚化程度越高,其适用面也就越广,而"哎"这种非纯体标记对所依附的谓词有明显的选择性,多数后附于带有"去除、致损/变化、消极"的谓词后,这与"哎"在用作唯补词时所具有的搭配义密切相关。"哎"除了表达"完成"或"实现"的语法意义,还附带有消极性结果的附加意义,这使得"V 哎"结构在使用时偏好于表达消极、不如意的主观情态。例如:

　　(46) 水管皮哎吱,赶紧修修,要不漏水 _{水管软掉了,赶紧修修,要不然漏水。}

　　(47) 一场大病生哎吱,他整个人都瘫哎吱 _{一场大病生了,他整个人都瘫掉了。}

　　(48) 锅堂火大了,饭都烧糊哎吱 _{锅灶火大了,饭都烧糊掉了。}

　　(49) 新车三天不到晚就骑坏哎吱 _{新车三天不到就骑坏掉了。}

　　"水管皮哎吱、他整个人都瘫哎吱、饭烧糊哎吱、新车骑坏哎吱"对说话人或命题主体来说都是不希望发生的。"V 哎"的语用泛化程度越高,语义表达也越基于说话者的主观理解和态度,主观情态也不再仅仅局限于消极、不如意,这时中性意义或者积极、向好意义的成分都可以准入,语用的适切面就随之扩大。例如:

　　(50) 今个风太大吱,树都刮倒哎吱 _{今天风太大了,树都吹倒掉了。}

　　(51) 四门课我已经考哎三门了 _{四门课我已经考掉三门了。}

　　上述表达都是对事件的客观描述,虽都表达了"减损"义,但不再是说话人不希望发生的,减损对说话人来说可以是无所谓好坏利弊的,甚至是说话人希望积极达成的目标。例如:

　　(52) 丫头个①把人家啦? 早把哎吱了② _{女儿有没有嫁出去? 早就嫁掉了。}

　　(53) 我霞子去年就把婚结哎吱 _{我儿子去年就把婚结掉了。}

　　"婚姻嫁娶"一般是喜事,是希望实现的,"V 哎"语用泛化后,适用面也逐渐由窄变宽,像"把_(嫁)、结婚"这样的积极意义的动词也可以准入了,"V 哎"所表示的"消极、不如意"的主观情态也就削弱了。刘丹青(1996)指出苏州话的"脱"、赣语安义话的"呱"、客家话的"撇"、温州话的"爻"以及粤语中的"晒"等在用作完成体标记时,对动词的适用面都有一定的限制,都还不是彻底虚化的体标记,含山话"哎"对动词的适用范围要求相对没有那么严格。近代汉语中也有类似现象,动相补语

---

　① "个"在含山话中是疑问副词,含山话属于 K－VP 型问句。

　② "了₁"在含山话中的对应形式是"哎","了₂"在含山话中的对应形式还是"了₂"。

"却"在表达完成或实现的语法意义时,开始还带有"去除/消失"义,伴随语用泛化和适用面拓宽,动词可以不再是表造成什么东西"去除"或"消失"义,反而会造成一些事物的"获得"或状态的存在(刘坚等,1992)。

3. 宾语类型与信息功能

3.1　宾语为非数量(名)短语

含山话中"V 哦 + 非数量(名)短语"是不能单独成句的,而是要将语义上的受事论元改换语序置于句首,并且在"V 哦"后附上完成体标记"吱",形成"非数量(名)短语 + V 哦 + 吱"结构才能完句,或者通过含山话的无宾"把"字句将受事宾语前置。例如:

(54) a 门锁哦吱门锁掉了。

　　　b ＊锁哦吱<u>门</u>。

　　　c ＊门锁哦[吱]。

(55) a 碗打碎哦吱碗打碎了。

　　　b ＊打碎哦吱<u>碗</u>。

　　　c ＊碗打碎哦[吱]。

(56) a 衣裳我把洗烂哦吱衣服我把它洗烂掉了。

　　　b ＊衣裳我把洗烂哦[吱]。

(57) a 房子被那把大火把烧光哦吱房子被那把大火把它烧光掉了。

　　　b ＊房子被那把大火把烧光哦[吱]。

例(54)a、例(55)a 中"门、碗"是非数量(名)短语置于句首位置。例(56)a、例(57)a"衣裳、房子"是通过"把"字句前置。而例(54)b、例(55)b 不能成立,原因是将"门、碗"放在"锁哦吱、打碎哦吱"后,例(54)c、例(55)c 和例(56)b、例(57)b 不能单独成句,原因是其后缺少"吱"。因此,当宾语为非数量(名)短语时,成句条件有两条:其一,非数量(名)短语要前置;其二,完成体标记"吱"不可少。这种语序要求反映出含山话"V 哦吱"大部分出现在"话题-述题"的"述题"部分,充当前景信息,这种将非数量(名)短语前置充当话题,而将自然焦点的位置指派给"锁哦吱、打碎哦吱、洗烂哦吱、烧光哦吱"等述题部分,是为了突显自然焦点的消极性结果。江淮官话的六安丁集话"V 倒"后面带非数量(名)短语也不能单独成句(刘祥柏,2000),非数量(名)短语的语序位置和句法操作与含山话"V 哦"近似。王健(2014)

也注意到合肥话中"V 得了"之后的受事宾语一般要前置,让"V 得了"出现在句尾,否则发音人感到句子不太顺。

3.2 宾语为数量(名)短语

含山话中"V 哇 + 数量(名)短语"是可以单独成句的,这又分为两种情况,一种是物量短语,一种是时量短语和动量短语。两者语法意义不同,前者是真宾语,后者是准宾语(朱德熙,2010)。先看物量短语。例如:

(58) 那衣裳短哇一大截,不要穿了 那件衣服短了一大截,别穿了。

(59) 该框苹果霉哇不少,买喫吱亏 这框苹果霉了不少,买吃亏了。

"一大截、不少"充当自然焦点,"V 哇"与物量短语中间还可以添加"吱",构成"V 哇 + 吱 + 物量短语"结构,但"吱"不具有句法上的强制性。胡德明(2008)在研究芜湖清水话的完成体标记"得"时,指出"V 得"后若带上物量宾语,"吱"也可以不出现。例如:

(58)′那衣裳短哇(吱)一大截,不要穿了。

(59)′该框苹果霉哇(吱)不少,买喫吱亏。

若将物量短语前置,把自然焦点的位置让位于谓语"V 哇吱","吱"句法上又是强制的,除了标记作用,还起到成句作用。例如:

(58)″那衣裳一大截短哇吱,不要穿了。　　　[＊那衣裳一大截短哇。]

(59)″该框苹果不少霉哇吱,买喫吱亏。　　　[＊该框苹果不少霉哇。]

再看时量短语和动量短语。"V 哇"带上时量短语表示动作延续的时间,带上动量短语,表示动作进行的次数。例如:

(60) 候你候哇三天 等你等掉三天。

(61) 手机用坏哇四五回了 手机用坏掉四五回了。

含山话"V 哇"与时量短语和动量短语中间也可以加入"吱",但"V 哇吱 + 时量短语/动量短语"不如"V 哇 + 时量短语/动量短语"常用。由上可知,"哇"与"吱"复合使用的条件是"V 哇吱"居句末作自然焦点,若将自然焦点指派给"V 哇"后的数量(名)短语,"吱"不具有句法的强制性。二者语法功能虽相近,都是表示完结或实现的语法成分。但事实上,"哇"这种非纯体标记与含山话的纯体标记"吱"相比还是有一定区别,二者部分的句法环境是重合的。例如:

(62) 那衣裳短哇一大截,不要穿了。 ＝ 那衣裳短吱一大截,不要穿了。

（63）该框苹果霉唻不少，买喫吱亏。＝该框苹果霉吱不少，买喫吱亏。

（64）写错唻一个字。＝写错吱一个字。

也有不重合的，只能用"吱"，不能用"唻"。例如：

（65）讲之讲之就哭起来吱。≠讲之讲之就哭起来唻。

（66）讲一遍就算吱。≠讲一遍就算唻。

原因是"唻"虚化还不如"吱"那么彻底，"唻"虽表示完成体，但是"唻"又和充当结果补语的一般形容词、动词一样，其后仍能再加完成体标记"吱"。上面的例子还可以说成"那衣裳短唻吱一大截/该框苹果霉唻吱不少/写错唻吱一个字"等，这就说明"唻"尚未完全虚化，由于"吱"已率先虚化成了完成体标记，就目前来看，"唻"很难进一步虚化。

结语与余论

上编：降格否定为句法上黏着、语义上不全、语用上委婉的否定。"鲜有"作为降格否定，其在句法、语义、功能等具有一系列特点：后接成分为无界名词与名化动词，"鲜有+NP"可以参与构成多种句法成分，主语多为无生主语。语义上，"鲜有"具有量的否定或部分否定的性质，语义含义是"少于"。由于兼语脱落形成句法空位，"鲜有"受紧邻语境和语义重心后移影响逐渐副词化，其功能表达体现为：遵守礼貌、维护面子、体现主观性、表达交互主观性。与"没有"的差异表现在四个方面：语义辖域不同、否定纠葛产生、预设存在差异、语体、篇章表现分化。

"遑论"分化为动词和递进连词两种功能，句法环境为递进复句，可以带各类宾语，和关联副词"更"组成连用叠加。语义与情态表现为语用否定与递进性、概念功能到篇章功能、叠加现象与羡余化、否定高量的量级特征。"遑论"语法化为递进连词与句法环境、语义制约以及一些外部因素不无关系。其与"不论"的差异主要体现在四个方面：句法分布相异、否定方式不同、情态传达分化、关联功能有别。

"岂敢"是现代汉语中经由反问发展而来表达否定功能的语气副词，"岂敢"对人称的选择以第一人称为主，少数是第二、第三人称。时态选择方面多以将来时态为主。其否定性质体现为语用的否定、强化的否定和主观的否定，语用上具有表达酬应功能的作用。就其演化过程来看，其经历了由状中短语到副词化、主观化和标记化三个过程。其与"不敢"存在某些共性，但个性差别较大，主要表现在四个方面：否定性质相异、否定强度不同、主观情态差异、语体分布分化。

"讵料"在篇章中可以连接分句、句子和语段分别构成复句、句群和段落，可以和各种表达意外功能的成分配合使用、协同出现，以语篇功能为主，较少作句子成分。在语义及表达上，"讵料"主要有表达意外语义、显豁焦点信息、流露元语功能以及体现意外性特征。其演化模式经历三个阶段：词汇化、连词化和关联化。与"不料"的差异主要体现在否定层面、范畴层次以及语体分布上。

下编："看样子、看情况"与"看起来、看上去"两种句法结构的虚化过程大致经历了行域到言域、句法主语到言者主语、命题成分到情态成分、自主度低到自主度高四个阶段。从叙实程度与传信功能来看，其主要具有感知功能、推估功能和总结功能等肯定性功能，在转折语义及预期偏离、回溯推理、隐含义规约化等语用动因的作用下，它们还发展出隐性否定的语用趋势，语用趋势下产生的是语用义，而非语用语法化以后的语法义。"看样子、看情况"与"看起来、看上去"的情态化历程经历了主语提升、代词脱落和以命题为操作域三个过程。

"看样子"的虚化经历了主语提升、语义虚化和"样子"泛化,其所在语篇的语义背景为 p 与 q 要满足推理关系,似然推理与回溯推理形成两种不同的语篇模式及其变体。一价摹状名词构成的"看 N"结构内部虚化程度不一,层级的形成除了与动词"看"的语义虚化相关,摹状名词的语义泛化也对层级的形成产生影响。源义积淀可以较好地解释"看样子"与"看上去、看起来"的异同。

"样子"是表示主观推测的句末助词,发生去范畴化后,经"具体的样子→抽象的样子→基于样子的推测"发展而来。这是隐喻与转喻共同作用的结果,语用推理在"样子"的虚化过程也发挥作用。"样子"句法位置黏着,可以后附在事件小句和数量结构之后。"样子"附于事件小句后表示对事件进程的推测,附于数量结构后表示估量,表示的是以数量结构为中心上下浮动的主观游移量。说话人对事件小句或量的必然或实然无法做出准确的认识,是确定性较低的或然判断,语篇模式是"$S_{1推测依据}$,$S_{2推测结论}$"。

"有待"仍为形式动词,还未经历副词化过程,后接抽象名词和指称性谓词。VP 的准入条件为[＋心理态度][＋增强义][＋减弱义][＋过程义]。语义上表预设否定义,即"原本应该达到 VP,目前却没有/缺少 VP";情态上为表达的委婉功效、不如意性的评价特征、未然性的时体特征。其词化过程经历了从跨层短语到词汇词的过程,主要机制是紧邻语境使得组块形成、语义偏移以及临界语境的高频使用。

含山话中后附于谓词后的"哒"没有谓语和实义补语的用法,直接由唯补词发展为体标记,表示动作行为的完成或性质状态的实现,隐喻、泛化类推和重新分析是主要机制。"哒"的源义积淀制约了句法搭配。语用泛化后,"V 哒"语用适切面逐渐由窄变宽。"V 哒"后接宾语类型可以区分为非数量(名)短语和数量(名)短语,不同宾语类型会影响自然焦点的指派,仅在"V 哒吱"充当自然焦点时,"哒"与"吱"才复合使用,二者虚化程度不同。

我们已经运用词汇化、语法化、主观化、标记化、关联化以及篇章语法、语用学等相关理论对降格否定"鲜有、遑论、岂敢、讵料"和"看样子、看情况、看起来、看上去"进行了较为详细的研究,可以说对汉语的词汇化和语法化问题做了一次有益的尝试,总结其规律,可以发现由"鲜、遑、岂、讵"等形成的降格否定在现代汉语中分别走向了不同的虚化道路:"鲜有"语法化为否定副词、"遑论"语法化为递进连词、"岂敢"语法化为话语标记、"讵料"语法化为关联标记。"看样子、看情况"与"看起来、看上去"逐渐发展出情态化的评注功能,其中"看样子"的语法化程度最高,语篇推理模式也较为复杂。"样子"在语境吸收、隐喻和转喻的作用下,也虚化为具有估测功能的助词。虽然走向了不同的虚化道路,但仍然是在一些共同的语法化动因与机制影响下逐渐虚化的。

(1)语篇交际是成分虚化的语用动因。语言交际是双向的,语言形式为了满足表达和理解两方面的需要,同时也是为了满足用有限的语言形式表达无限信息知识的要求,说话人对语篇的使用和组织的主观意图等语用因素就成了导致语法化的一个重要原因。

(2)紧邻语境是汉语语言成分法语化的重要句法基础。因为汉语缺乏形态变化,词语之间组合关系和前后语序在句中所起的语法作用肯定要比典型的屈折语更大。不同的句法分布,会产生不同的语法化结果。连动结构会发展为偏正结构,也会发展为述补结构。处于复句联系项的位置上,就会虚化为连词。

(3)语义积淀会决定相关虚化成分的语法化路径。虽同为降格否定,但不同的语义积淀使得虚化路径出现分化。"鲜有"是因为有[+量少、不足]的语义特征经语用推理逐渐发展为否定副词;而"遑论、岂敢、讵料"虽都是由反问发展至否定范畴的,但不同的语义积淀使得三者走上不同的虚化道路。

(4)语用推理和语境吸收是语法化的重要考量机制。反问与否定之间建立关联是通过语用推理。在研究相关现象时,语用推理可以作为重要的考虑因素。语境吸收也是语法化的一条重要机制,如动词语法化为连词、副词语法化为连词等都是在语境吸收的影响下逐渐完成的。

(5)语言研究应该区分两种:句法成分语序和句子成分语序。在一定的语境中,为了一定的语用目的,前者可以进入句子,而后者不能转化为短语。"遑论、岂敢、讵料"都是经由表反问发展到表达否定的,其活动面只能在句子层面,不能进入句法层面。

但限于学养,仍然存在以下四个方面有待以后进一步深入研究:

(1)本书仅选取五个降格否定"鲜有、遑论、岂敢、讵料、漫说",对其从词汇化、语法化、标记化、关联化等角度进行阐释,并运用功能语法、篇章语法等相关知识进行解释,论述了各自的语法化历程,最后与其对应形式的否定"没有、不论、不敢、不料、不说"进行对比分析,但是本书未对其他降格否定进行研究,如"罔顾、毋忘、弗如"等,它们的句法分布与语义表现、情态特征与功能表达以及语法化历程又有哪些个性?与其对应形式的否定"不顾、不忘、不如"之间又有什么差异?这些都需要在以后的研究中继续解决。

(2)书中五个降格否定语素"鲜、遑、岂、讵、漫",其中"鲜"是从量少经语用推理到否定的,"遑、岂、讵、漫"都是经由反问到否定的,这使得后四章在结构上缺乏区别性。

（3）研究还发现，汉语中还有一批经由反问而来的语素，如"岂、庸、独、宁、可、讵、焉、何、奚、安"，这些语素在现代汉语中有的已经不存在，有的进入词内保留，其词汇化是如何推进的？此外"岂X"类，如"岂能、岂可、岂但、岂非、岂止、岂是、岂有、岂知、岂料、岂肯、岂会"在词汇化、关联功能等方面还需要进一步研究。

（4）除了动宾结构"看样子、看情况"和动补结构"看起来、看上去"的情态化，汉语句法结构的语法化问题，或者进一步说情态化问题，非常值得继续挖掘。哪些类型的句法结构会发展为情态标记？机制与动因是什么？这些问题都值得好好总结。

参 考 文 献

蔡凯燕 2013 "理论上""原则上"与"名义上"的隐性否定功能考察,《国际汉语学报》第 1 辑

曹广顺 1995 《近代汉语助词》,北京:语文出版社

曹秀玲 2010 从主谓结构到话语标记——"我/你 V"的语法化及相关问题,《汉语学习》第 5 期

曹秀玲、杜可风 2018 言谈互动视角下的汉语言说类元话语标记,《世界汉语教学》第 2 期

曹秀玲、王清华 2015 从基本话语到元话语——以汉语让转义"X 然"类词语为例,《中国语文》第 6 期

常玉钟 1992 试析反问句的语用含义,《汉语学习》第 5 期

陈 红 2013 《疑问代词"哪里"的分类及其非疑问用法》,渤海大学硕士学位论文

陈 静 2015 论"有 + 数量结构 + 的样子"构式,《现代语文》第 10 期

陈 然 2018 《"看上去""看起来"对比研究》,河北师范大学硕士学位论文

陈 颖 2010 "真的"的虚化,《语言研究》第 4 期

陈 禹 2018 作为反意外范畴标记的"还不是",《世界汉语教学》第 4 期

陈 禹 2019 现代汉语客观性范畴,《汉语学习》第 3 期

陈振宇 杜克华 2015 意外范畴:关于感叹、疑问、否定之间的语用迁移的研究,《当代修辞学》第 5 期

陈宗明主编 1993 《汉语逻辑概论》,北京:人民出版社

戴耀晶 2000a 试论现代汉语的否定范畴,《语言教学与研究》第 3 期

戴耀晶 2000b 现代汉语否定标记"没"的语义分析,《语法研究与探索》(十五),北京:商务印书馆

戴耀晶 2001a 汉语的否定语义分析,《语文论丛》(七),上海:上海教育出版社

戴耀晶 2001b 汉语疑问句的预设及其语义分析,《广播电视大学学报》(哲社版)第 2 期

戴耀晶 2004a 汉语否定句的语义确定性,《世界汉语教学》第 1 期

戴耀晶 2004b 试说"冗余否定",《修辞学习》第 2 期

邓守信 1974 论汉语否定结构,《中国语言学报》第 5 期

刁晏斌 2000 《差异与融合——海峡两岸语言应用对比》,南昌:江西教育出版社

丁婵婵 2005 《反诘类语气副词研究》,上海师范大学硕士学位论文

丁 健 2019 语言的"交互主观性"——内涵、类型与假说,《当代语言学》第 3 期

丁声树等 2004 《现代汉语语法讲话》,北京:商务印书馆

董秀芳 2016 主观性表达在汉语中的凸显性及其表现特征,《语言科学》第 6 期

杜克华 2015 "意外"范畴:语法修辞语用机制,上海交通大学国际教育学院"疑问范畴·篇章语法"论坛摘要,2015 年 4 月 18 日、19 日

段晓燕 2012 《"有所"的句法、语义和词汇化研究》,北京大学硕士研究生学位论文

范开泰 1985 语用分析说略,《中国语文》第 6 期

范 晓、张豫峰等 2003 《语法理论纲要》,上海:上海译文出版社

方 梅 1994 北京话句中语气词的功能研究,《中国语文》第 2 期

方 梅 2005 认证义谓宾动词的虚化——从谓宾动词到语用标记,《中国语文》第 6 期

方 梅主编 2016 《互动语言学与汉语研究》(第一辑),北京:世界图书出版公司

方 梅、曹秀玲主编 2018 《互动语言学与汉语研究》(第二辑),北京:社会科学文献出版社

方清明 2012 再论"真"与"真的"的语法意义与语用功能,《汉语学习》第 5 期

弗雷格著,王路译,王炳文校 1994 《弗雷格哲学论著选辑》,北京:商务印书馆

高名凯 1986 《汉语语法论》,北京:商务印书馆

高增霞 2003 汉语担心-认识情态词"怕""看""别"的语法化,《中国社会科学院研究生院学报》第 1 期

谷 峰 2014 汉语反预期标记研究述评,《汉语学习》第 4 期

郭 中、陈昱钰 2013 "没有＋NP"与"缺乏＋NP"的对比分析,《东方语言学》(第十三辑),上海:上海教育出版社

郝明杰 2013 "不论"的连词化及其机制初探,《青年文学家》第 1 期

郝 媛 2011 论交际的空白和酬应功能的填补,《延安大学学报》(社会科学版)第 3 期

何姝琳 2014 《现代汉语评测性话语标记研究》,南京师范大学硕士学位论文

何兆熊主编 2000《新编语用学概要》,上海：上海外语教育出版社

胡德明 2006 安徽芜湖清水话中的"无宾把字句",《中国语文》第 4 期

胡德明 2008 安徽芜湖清水话中对象完成体标记"得",《方言》第 4 期

胡德明 2010《现代汉语反问句研究》,合肥：安徽人民出版社

胡建华 2007 否定、焦点与辖域,《中国语文》第 2 期

胡　日 2018《"看来""看起来""看上去"的偏误分析及对外汉语教学对策》,湖南师范大学硕士学位论文

胡裕树主编 1979《现代汉语》(增订本),上海：上海教育出版社

洪　波 2000 论平行虚化,《汉语史研究集刊》第 2 辑,成都：巴蜀书社

侯瑞芬 2009 "别说"与"别提",《中国语文》第 2 期

侯瑞芬 2016 再析"不""没"的对立与中和,《中国语文》第 3 期

黄现璠 2004《古书解读初探——黄现璠学术论文选》,广西：广西师范大学出版社

江蓝生 1991 禁止词"别"考源,《语文研究》第 1 期

江蓝生 2008 概念叠加与构式整合——肯定否定不对称的解释,《中国语文》第 6 期

蒋　华 2011 "没有＋NP"与"缺乏＋NP",《汉语学报》第 4 期

金兆梓 1922《国文法之研究》,北京：商务印书馆

黎锦熙 1933/1924《新著国语文法》,北京：商务印书馆

李嘉倩 2015《否定标记在主句与宾语从句间的移位选择研究——兼论否定性主句主谓结构的背景化与标记化》,上海师范大学硕士学位论文

李　明 2008 从"容"、"许"、"保"等动词看一类情态词的形成,《中国语文》第 3 期

李　湘 2007 从限制动作范围到凸现言者主语,《修辞学习》第 1 期

李小军 2015 相似、比拟、推测、否定——"好像""似乎""仿佛"的多维分析,《汉语学习》第 2 期

李新良 2013《现代汉语动词的叙实性研究》,北京大学博士学位论文

李行健主编 2010《现代汉语规范词典》(第 3 版),北京：外语教学与研究出版社

李　瑛 1992 "不"的否定意义,《语言教学与研究》第 2 期

李宇凤 2008《汉语语用偏向问研究》,中国社会科学院研究生院博士论文

李宗江 2016 近代汉语"推论"类语用标记及其演变,《励耘语言学刊》第 1 辑

廖秋忠 1986 现代汉语篇章中的连接成分,《中国语文》第 6 期

廖秋忠 1992《廖秋忠文集》,北京：北京语言学院出版社

刘　丞 2014a《非句法结构反问形式的演化及其动因与机制——基于构式功能转化》,上海师范大学博士学位论文

刘　丞 2014b 从质疑选择到规劝祈使:"何必"的副词化及相关问题,《汉语学报》第 3 期

刘楚群 2009 "看起来"与"看上去"、"看来"差异浅析——兼论趋向短语的语法化,《江西师范大学学报》(哲学社会科学版)第 4 期

刘春卉 2016 劝止义"(咱)不 VP"格式的交互主观性及其成因,《汉语学习》第 4 期

刘春卉 2021《汉语交互主观性标记及相关句类认知研究》,成都:四川大学出版社

刘丹青 1994 "唯补词"初探,《汉语学习》第 3 期

刘丹青 1996 东南方言的体貌标记,张双庆主编《动词的体》,香港中文大学中国文化研究所吴多泰中国语文研究中心

刘丹青、徐烈炯 1998 焦点与背景、话题及汉语"连"字句,《中国语文》第 4 期

刘丹青 2012 汉语的若干显赫范畴:语言库藏类型学视角,《世界汉语教学》第 3 期

刘　慧 2010《"意外态"语气副词研究》,上海师范大学硕士学位论文

刘　坚等 1992《近代汉语虚词研究》,北京:语文出版社

刘　瑾 2009 语言主观性的哲学考察,《外语学刊》第 3 期

刘　琉 2011 从视觉性差异看"看来"、"看似"与"看样子"的异同,《汉语学习》第 1 期

刘世儒 1959 "不"字用法汇释,《语文教学》第 6 期

刘松江 1993 反问句的交际作用,《语言教学与研究》第 2 期

刘祥柏 2000 六安丁集话体貌助词"倒",《方言》第 2 期

刘娅琼 2014《现代汉语会话中的反问句研究》,上海:学林出版社

刘　焱 2007 "V 掉"的语义类型与"掉"的虚化,《中国语文》第 2 期

刘　洋 2015《"不"独用的性质、功能及演化研究》,上海师范大学硕士学位论文

罗竹风主编,中国汉语大词典编辑委员会、汉语大词典编纂处编纂 1993《汉语大词典》,上海:汉语大词典出版社

吕叔湘 1982《中国文法要略》,北京:商务印书馆

吕叔湘 1985 疑问·否定·肯定,《中国语文》第 4 期

马清华 1986 现代汉语的委婉否定格式,《中国语文》第 6 期

马庆株 2004 《忧乐斋文存：马庆株自选集》，天津：南开大学出版社

梅祖麟 1981 现代汉语完成貌句式和词尾的来源，《语言研究》第 1 期

孟繁杰 2003 "不料"的句法、语义、语用分析，《海外华文教育》第 2 期

彭利贞 2007 《现代汉语情态研究》，北京：中国社会科学出版社

齐沪扬 2002 《语气词与语气系统》，合肥：安徽教育出版社

齐姆宾斯基（波）著，刘圣恩等译 1988 《法律应用逻辑》，北京：群众出版社

钱敏汝 1990 否定载体"不"的语法—语义探索，《中国语文》第 1 期

曲红艳 2004 《反诘语气副词的功能考察》，延边大学硕士学位论文

阮桂君 2009 《宁波方言语法研究》，武汉：华中师范大学出版社

邵敬敏 1996 《现代汉语疑问句研究》，上海：华东师范大学出版社

沈家煊 1989 判断语词的语义强度，《中国语文》第 1 期

沈家煊 1993 "语用否定"考察，《中国语文》第 5 期

沈家煊 1994 "好不"不对称用法的语义和语用解释，《中国语文》第 4 期

沈家煊 1997 词义与认知——《从词源学到语用学》评介，《外语教学与研究》第 3 期

沈家煊 2001 语言的"主观性"和"主观化"，《外语教学与研究》第 4 期

沈家煊 2003 复句三域"行、知、言"，《中国语文》第 3 期

沈家煊 2015 《不对称和标记论》，北京：商务印书馆

石毓智 2000 汉语的有标记和无标记语法结构，《语法研究和探索》（十），北京：商务印书馆

石毓智 2001 《肯定和否定的对称与不对称》，北京：北京语言文化大学出版社

史有为 2002 常州话的达成貌及其价值，〔日本〕《现代中国语研究》第 4 期

史有为 2003 汉语方言"达成"貌的类型学考察，《语言研究》第 3 期

司罗红 2013 口语中的前置性话题标记"就"，《中国语文》第 6 期

孙利萍 2012 论汉语言说类话语标记的基本特征，《暨南学报》（哲学社会科学版）第 4 期

孙利萍 2017 两岸华语后置标记"样子"的语用差异及其成因，《中国语文》第 4 期

太田辰夫 1958 《中国语历史文法》，北京：北京大学出版社

唐正大 2002 《"V 起来"的格式语义》，上海师范大学硕士学位论文

陶红印 1999 试论语体分类的语法学意义，《当代语言学》第 3 期

陶 寰 1996 绍兴方言的体，张双庆主编《动词的体》，香港中文大学中国文化研究所吴多泰中国语文研究中心

完　权　2017　汉语(交互)主观性表达的句法位置,《汉语学习》第 3 期

完　权　2018　信据力:"呢"的交互主观性,《语言科学》第 1 期

王德春、陈瑞端　2000　《语体学》,南宁:广西教育出版社

王海棻、赵长才等编　1996　《古汉语虚词词典》,北京:北京大学出版社

王　健　2010　苏皖方言中"掉"类词的共时表现与语法化等级,《语言科学》第 2 期

王　健　2013　一些南方方言中来自言说动词的意外范畴标记,《方言》第 2 期

王　健　2014　《苏皖区域方言语法比较研究》,北京:商务印书馆

王健慈　1997　汉语评判动词的语义类,《中国语文》第 6 期

王凤兰　2005　"看起来"与"看上去"的多角度分析,《广州华苑》第 3 期

王桂亮　2014　《汉语方言完成体标记比较研究》,华中师范大学博士学位论文

王　力　1958　《汉语史稿》,北京:中华书局

王　力　1985　《中国现代语法》,北京:商务印书馆

王　森　2017　基于立场表达的"X 不 X"类附加问句的话语功能,《汉语学习》第 5 期

王思媛　2021　语言接触与演变——以江淮官话巢湖方言的完成体助词为例看演化的动因与机制,《文教资料》第 7 期

王志英　2012　《现代汉语特殊否定现象认知研究》,上海师范大学博士学位论文

吴福祥　1998　重谈"动 + 了 + 宾"格式的来源和完成体助词"了"的产生,《中国语文》第 6 期

吴福祥　2001　南方方言几个状态补语标记的来源(一、二),《方言》第 4 期

吴福祥　2004a　试说"X 不比 Y Z"的语用功能,《中国语文》第 3 期

吴福祥　2004b　近年来语法化研究的进展,《外语教学与研究》第 1 期

吴福祥　2005　汉语语法化研究的当前课题,《语言科学》第 2 期

吴福祥主编　2011　《汉语的主观性与主观化》,北京:商务印书馆

肖任飞、张　芳　2014　熟语化的"(更)不用说"及相关用法,《语言研究》第 1 期

辛　慧　2010　《现代汉语意外类篇章连接成分分析》,延边大学硕士学位论文

邢福义　1982　论"不"字独说,《华中师院学报》第 3 期

徐晶凝　2003　语气助词"吧"的情态解释,《北京大学学报》(哲学社会科学版)第 4 期

徐赳赳　2010　《现代汉语篇章语言学》,北京:商务印书馆

徐时仪　2003　否定词"没""没有"的来源和语法化过程,《湖州师范学院学报》

第 1 期

　　许　慎 2004《说文解字》,北京：中华书局

　　玄　玥 2010 虚化结果补语是一种"完结短语",《语言学论丛》第 41 辑

　　姚　颖 2012《汉语估测性话语标记语研究》,南京师范大学硕士学位论文

　　姚占龙 2008 "说、想、看"的主观化及其诱因,《语言教学与研究》第 5 期

　　杨　旭、王雅琪 2022 交互主观性的 3 种研究范式,《外语学刊》第 4 期

　　杨才英、赵春利 2022 句末助词"哟"的分布规律与语义关联图,《当代语言学》第 1 期

　　尹洪波 2014 否定与转折,《语言研究集刊》第 13 辑

　　殷兴鹰 1991《现代汉语否定词的句法、语义、语用平面考察》,北京广播学院硕士学位论文

　　于根元 1984 反问句的性质和意义,《中国语文》第 6 期

　　袁毓林 2000a 连谓结构的否定表达,陆俭明主编《面临新世纪挑战的现代汉语语法研究》,山东：山东教育出版社

　　袁毓林 2000b 否定式偏正结构的跨维度考察,《语法研究与探索》(十),北京：商务印书馆

　　袁毓林 2000c 论否定句的焦点、预设和辖域歧义,《中国语文》第 2 期

　　袁毓林 2008 反预期、递进关系和语用尺度的类型——"甚至"和"反而"的语义功能比较,《当代语言学》第 2 期

　　袁毓林等 2009 "有"字句的情景语义分析,《世界汉语教学》第 3 期

　　袁毓林、寇鑫 2018 现代汉语名词的叙实性研究,《语言研究》第 2 期

　　乐　耀 2011 从"不是我说你"类话语标记的形成看会话中主观性范畴与语用原则的互动,《世界汉语教学》第 1 期

　　乐　耀 2016 从互动交际的视角看让步类同语式评价立场的表达,《中国语文》第 1 期

　　曾立英 2005 "我看"与"你看"的主观化,《汉语学习》第 2 期

　　张爱玲 2016 名词"光景"向概数助词和情态副词的演化,《汉语学报》第 2 期

　　张　斌 2003a《汉语语法学》,上海：上海教育出版社

　　张　斌 2003b《现代汉语虚词词典》,北京：商务印书馆

　　张　斌、胡裕树 2003《汉语语法研究》,北京：商务印书馆

　　张　斌主编 2008《新编现代汉语》,上海：复旦大学出版社

　　张伯江 1996 否定的强化,《汉语学习》第 1 期

　　张伯江、方　梅 2014《汉语功能语法研究》,北京：商务印书馆

张 敏 2019 时间顺序原则与像似性的"所指困境",《世界汉语教学》第 2 期

张其昀 2005 扬州方言"消极"性完成体标记"得",《中国语文》第 5 期

张瑞卓、张邱林 2018 "样子"表约略情况探析,《语文建设》第 2 期

张谊生 1996 现代汉语预设否定副词的表义特征,《世界汉语教学》第 2 期

张谊生 2000 论与汉语副词相关的虚化机制——兼论现代汉语副词的性质、分类与范围,《中国语文》第 1 期

张谊生 2004 《现代汉语副词探索》,上海:学林出版社

张谊生 2006a 试论主观量标记"没"、"不"、"好",《中国语文》第 2 期

张谊生 2006b "看起来"与"看上去"——兼论动趋式短语词汇化的机制与动因,《世界汉语教学》第 3 期

张谊生 2007 试论"X 然+间",《汉语学习》第 6 期

张谊生 2008 当代汉语摹状格式探微,《语言科学》第 3 期

张谊生 2009 介词悬空与"用来"和"拿来"的词汇化与关联化,《语法研究与探索》(十五),北京:商务印书馆

张谊生 2010 从错配到脱落:附缀"于"的零形化后果与形容词、动词的及物化,《中国语文》第 2 期

张谊生 2011 预设否定叠加的方式与类别、动因与作用,《语言科学》第 5 期

张谊生 2013 句法层面的语序与句子层面的语序——兼论一价谓词带宾语与副词状语表程度,《语言研究》第 3 期

张谊生 2014a 《现代汉语副词研究》(修订本),北京:商务印书馆

张谊生 2014b 从否定小句到话语标记——否定功能元语化与羡余化的动因探讨,《语言研究集刊》第 12 辑

张谊生 2015a 汉语否定的性质、特征与类别——兼论委婉式降格否定的作用与效果,《汉语学习》第 1 期

张谊生 2015b 从介词悬空到否定副词——兼论"无以"与"难以"的共现与趋同,《语言教学与研究》第 4 期

张谊生 2015c 贬抑性否定规劝构式"你少 X"研究——兼论"你少 X"与"你别X"的区别,《湘潭大学学报》(哲学社会科学版)第 5 期

张谊生 2015d 从到顶义述宾短语到极性义程度副词——以"之极、至极"和"之至、之致"为例,《语言科学》第 4 期

赵春利、孙 丽 2015 句末助词"吧"的分布验证与语义提取,《中国语文》第 2 期

赵春利、方甲珂 2017 "喽"的功能、意向、态度和情感研究,《语言科学》第 4 期

赵　彧　2018　两种句法结构的情态化——兼谈其传信功能与语用趋势,《汉语学习》第 1 期

赵　彧　2019　介词句否定式的"镜像"分布与限制因素——以"S 不和 NPVP"与"S 和 NP 不 VP"为例,《对外汉语研究》第 2 期

赵　彧　2023　边缘范畴表达:以"半个 NP"为例,《外国语》第 5 期

赵　彧　2024　试说汉语的功用构式"N_1 不能当 N_2V",《汉语学报》第 2 期

赵元任著,吕叔湘译　1979　《汉语口语语法》,北京:商务印书馆

中国社会科学院、澳大利亚人文科学院　1987　《中国语言地图集》,香港:朗文出版(远东)有限公司

中国社会科学院语言研究所古代汉语研究室编　1999　《古代汉语虚词词典》,北京:商务印书馆

中国社会科学院语言研究所词典编辑室编　2016　《现代汉语词典》(第 7 版),北京:商务印书馆

钟兆华　1985　趋向动词"起来"在近代汉语中的发展,《中国语文》第 5 期

周士宏　2009　"吧"的意义、功能再议,《语言教学与研究》第 2 期

周元琳　2000　安徽庐江方言的虚词"之",《方言》第 2 期

朱德熙　1959　说"差一点",《中国语文》第 9 期

朱德熙　1987　现代汉语语法研究的对象是什么,《中国语文》第 4 期

朱德熙　2010　《语法讲义》,北京:商务印书馆

朱定峰　2006　浅析安徽无为方言中的虚词"吱",《现代语文》第 9 期

宗守云　2002　浅论科技语体中的"似乎 VP"句,《中国语文》第 1 期

宗守云　2015　"不知道"的分化及其情态化历程,《语言学论丛》第 52 辑

宗守云　2016b　说主观游移量构式"V + 上 + 数量结构",《当代修辞学》第 1 期

宗守云　2016a　"还 X 呢"构式:行域贬抑,知域否定,言域嗔怪,《语言教学与研究》第 4 期

宗守云、姚海斌　2019　"就差 X":真实与违实,《汉语学报》第 2 期

Adamson, Sylvia. 2000 A Lovely little example: Word order options and category shift in the premodifying string. In Olga Fischer, Anette Rosenbach and Dieter Stein (eds). Pathways of Change: Grammaticalization in English. Amsterdam: John Benjamins Publishing Company

Beeching, Kate, Liesbeth Degand, Ulrich Detges, Elizabeth Traugott & Richard Waltereit. 2009 Summary of the Workshop on Meaning in Diachrony at the Conference on Meaning in Interaction. University of the West of England,

Bristol, April

Benveniste, Emile. 1971[1958] Subjectivity in language. In Emile Benveniste (ed). Problems in General Linguistics. Trans by Mary Elizabeth Meek and Coral Gables. Florida: University of Miami Press

Bernd Heine, Ulrike Claudi & Friederike Hünnemeyer 1991 Grammaticalization: A Conceptual Framework. Chicago: University of Chicago Press

Bréal, Michel 1964 [1900] Semantics. Studies in the Science of Meaning (Trans. by Mrs. Henry Cust from the 1897 original French edition), Dover, New York.

Du Bois, J. W. 2007 The stance triangle. In Englebretson, R. (eds.) Stancetaking in Discourse: Subjectivity, Evaluation, Interaction, 139 – 182. Amsterdam/Philadelphia: John Benjamins Publishing Company

Finegan, E. 1995 Subjectivity and subjectivisation: An introduction. In Dieter Stein and Susan Wright(ed.) Subjectivity and Subjectivisation: Linguistic Perspective. Cambridge: Cambridge University Press

Ghesquière, Lobke. 2014 The Directionality of (Inter) Subjectification in the English Noun Phrase: Pathways of Change. Berlin: De Gruyter Mouton

Ghesquière, Lobke, Lieselotte Brems and Freek van de Velde. 2014 Intersubjectivity and intersubjectification: Typology and operationalization. In Lieselotte Brems, Lobke Ghesquière and Freek van de Velde, eds. Intersubjectivity and Intersubjectification in Grammar and Discourse. Amsterdam: John Benjamins Publishing Company

Halliday, M. A. K & Hasan, R. 1976 Cohesion in English. London: Longman

Han, Yang Saxena 1995 A pragmatic analysis of the BA particle in Mandarin Chinese. Journal of Chinese Linguistics 23

Huang, C-T James 1989 Pro-drops in Chinese: A Generalized Control Theory. In Osvaldo Jaeggli and Kenneth J, Safir (eds.), The Null Subject Parameter, 185 – 214. Dordrecht: Kluwer Academic Publishers

Ken Hyland & Polly Tse. 2004 Metadiscourse in academic writing: A reappraisal. Applied Linguistics 25. Oxford: Oxford University Press

Langacker, R. W. 1987 Foundations of Cognitive Grammar: Theoretical Prerequisites. Stanford: Stanford University Press

Langacker, R. W. 1990 Subjectification. Cognitive Linguistics 1: 5 – 38

Langacker, R. W. 2000 Grammar and conceptualization. Berlin: Mouton de Gruyter

Leech, G. 1985 Sematics: The Study of Meaning. 2nd Edition. London: Penguin

Lyons, J. 1977 Semantics. Cambridge: Cambridge University Press

Palmer, F. R. 1986 Mood and Modality. Cambridge: Cambridge University Press

Renzo Mocini 2014 Expressing Surprise: A Cross-Linguistic Description of Mirativity, Altre Modernità (11)

Samuel, Hung-nin, Cheung 1977 Perfective particles in the Bian wen Language. Journal of Chinese Linguistics 5

Shinzato Rumiko, 2007 (Inter) subjectification, Japanese syntax and syntactic scope increase. Journal of Historical Pragmatics 8, 171 – 206

Smirnova, Elena 2012 On some Problematic Aspects of Subjectification. Language Dynamics and Change, 2(1), 34 – 58

Sweetser, Eve 1990 From etymology to pragmatics: metaphorical and cultural aspects of semantic structure. Cambridge: Cambridge University Press

Talmy, L. 2000. Toward a Cognitive Semantics, Vol. I. Cambridge: MIT Press

Traugott, E. C. 1989 On the rise of epistemic meanings in English: an example of subjectification in semantic change. Language 64: 31 – 55

Traugott, E. C. 1995 Subjectification in grammticalization. In Dieter Stein and Susan Wright(ed.). Subjectivity and Subjectivisation: Linguistic Perspective. Cambridge: Cambridge University Press

Traugott, E. C. 1999a Why must is not moot. Paper presented at the Fourteenth International Conference on Historical Linguistics

Traugott, E. C. 1999b From subjectification to intersubjectification. Paper presented at the Workshop on Historical pragmatics, Fourteenth International Conference on Historical Linguistics, Vancouver, Canada, July 1999

Traugott, E. C. and Richard B. D. 2002 Regularity in Semantic Change. Cambridge: Cambridge University Press

Traugott, E. C. 2003 From Subjectification to Intersubjectification. In: Hickey, R. (ed.), Motives for Language Change. Cambridge: Cambridge University Press

后　记

　　这本小书是我参加工作 10 余年来研究工作的一个总结。书中的内容主要涉及汉语实词虚化现象，既有共时层面的细致描写，也有历时层面的勾勒。把书名拟为《汉语实词虚化现象研究》实在诚惶诚恐，既无能力，也无实力承担这样的题目，只因书中涉及的都是实词虚化现象，故斗胆提笔，似有"初生牛犊不怕虎"之嫌。

　　回忆过往，我从语法的"门外汉"成为汉语语法的研究者，一路得到了诸多老师的帮助和指导。导师张谊生教授是我学术生涯的引路人，我与张老师相识还得益于我的叔叔赵军，叔叔赵军是张老师 2003 级的学生。我考了张老师的研究生两次，2012 年失利，2013 年考取，命运的齿轮就此重新转动。此时正好与叔叔赵军入门相差十年。2016 年又蒙恩师不弃，继续跟随张老师学习。后来我做博士后也是张老师帮忙推荐的。张老师宽以待人、踏实勤奋、关爱后辈，堪称人师典范。我去看望老师时，老师每次都千叮万嘱。老师常说"有的学者做研究是打一枪换一个地方，而我则专注汉语虚词，尤其是副词研究"，愿老师永唱副词之歌、虚词之歌。陈昌来教授是我的博士后导师，陈老师学识广泛，早些年专攻语义平面问题和介词问题，后又研究双音常用词的词汇化和语法化问题，近年来又转入构式语法研究，陈老师出版了"X 来"，张老师发表了"生生"，这可能是学者独有的权力和乐趣吧。当陈老师获知我想跟他做博士后以后，欣然同意，并尽心尽力指导我博后阶段的学习。陈老师也一直关心我的成长，时常督促我要抓紧时间撰写论文，在学习和工作上也给予了很多关怀和帮助，得知小书即将出版，非常乐意为小书作序。上海师范大学是汉语语法研究的重镇，我求学熏陶于此有 6 年之久，受到很多人的帮助，实在有幸，他们都是为人师表的楷模。

　　本书的大部分内容都曾经作为会议论文在学术会议上报告过，得到与会学者的意见和建议，并在《汉语学习》《新疆大学学报》《励耘语言学刊》《贵州工程应用技术学院学报》《语言与文化论丛》等刊物上集中发表，这次统合成书，又做了增补和修订，一些观点也跟原先发表时有所不同。我的硕士生杨羽淇通读并校对书稿全文，在此致以谢意。

　　最后，感谢我的爱人白雪飞，我们相互鼓励；感谢我的父母，一直在默默付出、辛勤劳苦；感谢我的岳父岳母，帮我带孩子，以便给我腾出时间专心写作。

小书出版之际，儿子也即将 4 周岁，他天真烂漫，颇惹人喜爱，希望他永葆这份童真。老家还有爷爷、奶奶和姑姑的牵挂，家人的关怀和帮助给了我无穷的动力！

赵　彧

于奉贤海湾

图书在版编目（CIP）数据

汉语实词虚化现象研究 / 赵彧著. -- 上海：学林
出版社，2024. -- ISBN 978-7-5486-2053-2

Ⅰ. H146.2

中国国家版本馆 CIP 数据核字第 2024S1V224 号

责任编辑 王思媛 韩 越
封面设计 严克勤

汉语实词虚化现象研究

赵 彧 著

出 版 学林出版社
　　　　　（201101　上海市闵行区号景路 159 弄 C 座）
发 行 上海人民出版社发行中心
　　　　　（201101　上海市闵行区号景路 159 弄 C 座）
印 刷 上海颛辉印刷厂有限公司
开 本 720×1000　1/16
印 张 12.25
字 数 23 万
版 次 2024 年 12 月第 1 版
印 次 2024 年 12 月第 1 次印刷
ISBN 978 - 7 - 5486 - 2053 - 2/H · 166
定 价 78.00 元